21世纪高职高专规划教材·市场营销系列

商务谈判理论与实训

袁雪峰　编著
笪秉宏　主审

中国人民大学出版社
·北京·

前言

随着我国市场经济的深入及经济全球化的到来，商务谈判已经成为企业经营活动的重要内容。因此，商务人士需要掌握商务谈判的知识与技能，以适应企业和社会的需要。

这便为编写商务谈判教材创造了机会，使其成为一项有价值的、值得编写者为之付出时间和精力的工作。

本书的编写目标：

（1）适用于高职高专商务谈判课程教学，为学生成才尽一份力量。

（2）提供丰富资源，减轻教师负担（即降低任课教师的备课工作量）。

（3）优化教学流程，提升教学效果。

（4）为学生自学提供行文简洁流畅的商务谈判读本。

本书的编写特色：

（1）行文简洁。时间是最宝贵的，浪费别人的时间等同于谋财害命。本书作者无意于此，故而行文力求简洁。

（2）着力体现和践行学导式教学法和理实交叉教学法。

学导式教学是指学生在教师的指导下渐进自学的一种教学方法。其特点有：一是变以教授为主为以自学为主；二是变以教师为中心为以学生为中心；三是变注入为辅导。这种教学方法能够使学生在教师的指导之下，从被动接受知识转变为主动学习知识，真正实现“学生为主体，教师为主导”的教学理念和原则。遵循学导式教学法，作者拟定了包括开场、自学、解疑、精讲、演练等环节的教学流程，供任课教师参考。

受过高教学条件要求的限制，“理实一体”的教学模式在商务谈判教学中很难实现，比较现实和实用的做法是采用折中的“理实交叉”教学模式。本教材即体现了这种模式——教材在以讲授为主的理论教学中设计了一些实践性项目穿插其中。

这两种教学法的一个共性便是“学生参与”。参与作为管理中一种重要的激励手段，在教学活动中也必将会大大提高学生们的学习热情。教师亦能因此获得一种极为美好的心理感受——成就感。

（3）配备丰富的教学资源。教材配备有电子课件、习题参考答案、试题等教学资源。选用本教材的教师可以通过 http://www.crup.com/jiaoyu 下载，也可向作者索取。

本教材包括理论和实训两部分。理论部分包括 12 章，分别为课程综述、谈判概述、商务谈判的类型与原则、商务谈判的评价标准及成功模式、商务谈判准备、商务谈判开局阶段、商务谈判磋商阶段、商务谈判终局阶段、商务谈判僵局的处理、商务谈判心理、商务谈判礼仪、国际商务谈判。实训部分包括五章的实训及模拟商务谈判综合实训指导书（供为期一周的商务谈判综合实训使用）。

本书由安徽机电职业技术学院袁雪峰编著。作为本书主审，安徽机电职业技术学院笪秉宏副教授审阅了全部书稿，在此向他表示由衷的感谢。

本书在编写过程中参考了大量教材及著述，在此向相关作者表示感谢。少数引用的资料因不能确认来源，所以未能注明出处，恳请相关作者谅解。

由于本书作者水平有限，因而在此恭拜求詈——各位读者如在阅读中发现错误，烦请通过电子邮箱 yxf97@126. com 告知，作者将不胜感激。

袁雪峰

2012 年春

目录

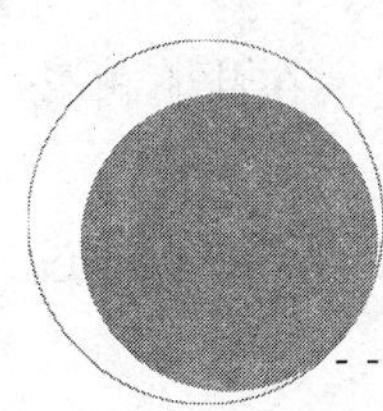

第1章 课程综述

教学目标

了解商务的定义；了解谈判的定义；掌握商务谈判的定义；理解商务谈判所具有的特征；知晓商务谈判的构成要素；了解商务谈判课程的性质、地位及要求；理解学习商务谈判的意义；理解并认同教师为提升商务谈判教学效果而采取的教学策略。

教学内容

1.1 认识商务谈判及商务谈判课程

1.2 为何要学习商务谈判

1.3 如何开展商务谈判教学

1.1 认识商务谈判及商务谈判课程

1.1.1 商务谈判的定义

1. 商务的定义

商务是指商品的交易行为，主要包括以下四类活动：

(1) 直接的商品交易活动，如商品的批发、零售等。

(2) 直接为商品交易服务的活动，如运输、仓储、加工、整理等。

(3) 间接为商品交易服务的活动，如金融、保险、信托、租赁等。

(4) 具有服务性质的活动，如餐饮、娱乐、提供商品信息、咨询、广告等服务。

2. 谈判的定义

借助信息化，今天的人们见识了不少重大谈判。从旷日持久的多哈回合谈判，到让当事人绞尽脑汁的六方会谈，无一不在验证着谈判的普遍、必需与艰难。

现实中会出现各种各样的谈判事件，每个人在各自的工作、学习、生活中也经常会有意无意地成为谈判的一方。生活中谈判的例子可谓俯拾皆是：朋友们商量在哪里进晚餐；孩子们在看什么电视节目的问题上各抒己见；有经济纠纷的双方通过协商解决赔偿或补偿问题；警察通过与恐怖分子谈判来解救人质；夫妻二人就家务活的分工进行商讨；一个小男孩极力说服父母在儿童节前为其购买遥控直升机；顾客和营业员进行耐心的讨价还价……

许多谈判的研究者和实践者曾经从各自的视角对谈判的概念进行了界定，在此不再赘述。本课程为谈判下的定义为：

谈判是具有利害关系的双方或多方为了协调彼此之间的关系，满足各自的需要，通过协商洽谈以争取达到一致的行为和过程。

案例

“妈妈，今天我在学校里看到有人穿一种夹克皮装，看上去非常帅，你也给我买一件好吗?”孩子向母亲提出要求。

“可以，但是你必须读好书，这次考试如果每门课都在90分以上，我就给你买。”母亲也向孩子提出要求。

“妈妈，现在天气正好适宜穿皮装！考试以后天气变了，今年就没法穿了。”

“这倒是……”

“我读书一直很用功，这次一定考好，让你满意！你现在就给我买好吗?”

……

最后，母亲同意星期天带他上街去买。

资料来源：夏圣亭：《商务谈判技术》，1～2页，北京，高等教育出版社，2000。

3. 商务谈判的定义

谈判的种类很多，有外交谈判、政治谈判、军事谈判、经济谈判等。作为经济谈判的一种，商务谈判是指不同的利益主体为了协调彼此之间的商务关系，满足各自的商务需要，通过协商洽谈以争取达成某项商务交易的行为和过程。商务谈判是在商品经济条件下发生的，它已经成为现代社会经济生活必不可少的组成部分。

1.1.2 商务谈判的特征

商务谈判具有以下几方面的特征：

（1）商务谈判以获得经济利益为基本目的。不同的谈判者参加谈判的目的是不同的，外交谈判涉及的是国家利益；政治谈判关心的是政党、团体的根本利益；军事谈判主要关注敌对双方的安全利益。

商务谈判中谈判者以获取经济利益为基本目的，人们通常以获取经济利益的多寡来评价一项商务谈判的成功与否。

（2）商务谈判以价格谈判为核心。商务谈判中谈判者的需求和利益往往有很多方面，但价格几乎是所有商务谈判的核心内容，这是因为在商务谈判中价格最直接地反映了谈判双方的利益。

（3）商务谈判注重合同条款的严密性与准确性。商务谈判的结果是由双方协商一致的协议或合同来体现的。合同条款实质上反映了各方的权利和义务，合同条款的严密性与准确性是保障谈判各方获得各种利益的重要前提。

1.1.3　商务谈判的构成要素

商务谈判的构成要素是多方面的，包括谈判主体、谈判客体、谈判目的、谈判时间、谈判地点以及其他物质条件。谈判主体、谈判客体、谈判目的是其中最为基本的要素。

1. 谈判主体

谈判主体是指在商务谈判中谈判的当事人，具体包括主持谈判、参与谈判以及与交易利益相关的人员。从谈判组织的角度来看，他们可以分为两类：台前的当事人和台后的当事人。他们均会对谈判的结果产生影响。

2. 谈判客体

谈判客体是指通过谈判要解决的问题或完成的事项。在商务谈判中，常见的谈判客体有买卖、合作、合资、租赁、兼并、特许经营、承包、BOT、咨询、招投标等。

买卖指通过对价转移商品所有权的活动。

合作即当事各方投入人力、财力、物力，共同开发、生产、销售商品的行为。

合资是为制造并经营某商品，双方出资组建新的法人企业的行为。

租赁是指为获得某商品的使用权而采取的一种租借或融资行为。

兼并是指通过产权的有偿转让，把其他企业并入本企业或企业集团中，使被兼并的企业失去法人资格或改变法人实体的经济行为。

特许经营是指特许经营权拥有者以合同约定的形式，允许被特许经营者有偿使用其名称、商标、专有技术、产品及运作管理经验等从事经营活动的商业经营模式。

承包是指企业与承包者间订立承包经营合同，将企业的“经营管理权”全部或部分在一定期限内交给承包者，由承包者对企业进行经营管理，并承担经营风险及获取企业收益的行为。

BOT（build-operate-transfer）即建设—经营—转让，是指政府通过契约授予私营企业（包括外国企业）以一定期限的特许专营权，许可其融资建设和经营特定的公用基础设施，并准许其通过向用户收取费用或出售产品以清偿贷款，回收投资并赚取利润；特许权期限届满时，该基础设施无偿移交给政府。

咨询是指对某形态的商品的开发、生产、营销等提供建设性意见。

招投标是指以公开发包（发标）的形式竞买或竞卖商品。

3. 谈判目的

商务谈判是一种目的很明确的行为。商务谈判双方的共同目的通常是达成谈判协议，满足各自需要。当然，谈判各方的具体谈判目标往往是不同的，甚至相互对立，这既给谈判设置了“障碍”，同时也使谈判成为必要。总之，谈判目的是商务谈判最为基本的要素之一，没有谈判目的的商务谈判只能称为“闲谈”，不能称为“谈判”。

1.1.4　商务谈判课程简介

商务谈判课程是市场营销、工商管理、电子商务和国际经济与贸易等专业的专业课，是一门广泛吸收社会学、行为学、心理学、市场营销学、管理学等多学科知识的综合性很强的学科，具有很强的实践性和应用性。

随着经济全球一体化的深入和我国市场经济的不断发展，企业需要从事大量机遇与挑战并存的商业活动，包括大量的商务谈判活动。因此说，商务谈判在我国的经济生活中不可缺少，而且作用愈来愈突出。

商务谈判是一门实践性非常强的课程。通过本门课程的学习，学生应能掌握商务谈判的基本理论，获得商务谈判的基本技能，具备一定的运用商务谈判策略及技巧的能力。

1.2 为何要学习商务谈判

1.2.1 商务谈判在现代经济社会中的作用

1. 能够促进商品经济的发展

交易主体间平等、自由地进行交换是商品经济的内在要求，商务谈判通过协商来谋求双方一致，恰恰符合这一要求，因而成为交易形成过程中的一种重要工具。可以这样讲，商品经济的发展，使谈判在经济生活中扮演了重要的角色；而商务谈判的广泛运用，又促进了商品经济的繁荣。

2. 有利于加强企业间的经济联系

每个企业要与其他企业进行协作，才能完成和改善生产经营活动。而商务谈判大多是在企业之间进行的，所以对于企业之间加强联系和协作能够起到促进作用。

3. 能够促进我国对外贸易的发展

经济全球化的大背景决定了任何一个国家都不可能用闭关锁国的方式发展自己。经过长达 15 年的艰苦谈判，中国于 2001 年 12 月 11 日成为 WTO 的第 143 个正式成员。加入 WTO，意味着我国将更多地引进国外的先进技术和设备，将进一步扩大对外出口。只有培养合格的和优秀的商务谈判人才，提升中国整体的商务谈判水平，才能适应我国国际商务交易数量增加的需要，使我国在国际商贸活动中掌握主动，获得成功。

1.2.2 商务谈判是商务人士必须掌握的一项职业技能

商务谈判是商务人士必须掌握的一项职业技能。以推销人员为例：推销过程包括推销准备、寻找准顾客、推销约见、推销接近、商品推介、处理异议、销售谈判和促成交易等环节。推销人员在销售谈判阶段技能的发挥，往往决定了推销活动的最终结局是半途而废还是获得圆满成功。

其他商务人士在工作中经常会参与或间接参与商务谈判，掌握商务谈判技能有助于他们提升个人的工作业绩。

1.2.3 商务谈判能力是现代人生存、生活的一项基本技能

商务谈判不是商家的专利。随着社会经济的日益发展以及人们交往范围、频率的增大，商务谈判可以说是无处不在，比如在商场购物时与营业员的讨价还价就是一种最常见的商务谈判。

此外，商务谈判的学习也可以培养一个人在其他领域的谈判能力。这种能力在很大程度上会影响到他的工作成效和生活状态。

案例

珍妮特和乔斯林是室友，她们合住一套一室一厅的公寓。珍妮特是一名会计师，在一

家很好的公司有着稳定的工作。但是，她决定回到学校继续攻读MBA学位。她已经被都市大学MBA晚班录取，目前正在上课。乔斯林在一家广告公司工作，发展势头很好。她的工作需要经常出差，而且要与客户打交道。问题在于珍妮特晚上不上课的时候需要在房间里安静地学习，可是当乔斯林在房间时却总是要打电话，要么就是带朋友来聚餐，或者随时准备出去，或者晚上很晚才回来。珍妮特已经对此感到很厌烦，正准备和乔斯林好好谈谈。

资料来源：[美] 罗伊·J·列维奇等：《列维奇谈判学》，1页，北京，中国人民大学出版社，2008。

在日常工作和生活中，虽然人们会接触和参与很多谈判，但能称得上“谈判专家”的却少之又少，这是因为谈判的策略和技巧是不可能“无师自通”的。事实上，谈判能力的形成如同葡萄酒品质的提升，需要时间和经验的积累，需要理论与实践的结合。

1.3 如何开展商务谈判教学

为了提升本门课程的教学效果，笔者特设计了较为系统的教学策略（包括教学方法、教学流程等）。教师可把这些教学策略告知学生，以得到学生的认可，和教师达成共识，因为只有达成共识，师生之间才有可能形成默契。针对这些教学策略，教师也可鼓励学生提出意见和建议。

以下列出的教学策略仅供任课教师参考。

1.3.1 使学生明确学习目标

商务谈判是现代商务人员必须掌握的一项职业技能。

随着我国社会主义市场经济的深入发展、企业制度改革的深化以及与世界经济对接度的提高，商务谈判已经成为各类工商企业合作与发展、经营与销售的重要商务活动，广大商务工作者也迫切需要掌握足够的商务谈判知识与技能，并在吸取以往经验教训的基础上不断提高谈判水平。

考虑到社会对商务谈判的需求及学生的营销、管理、经济等专业背景，笔者特为学生设定了以下学习目标：

（1）知识教学目标。通过本课程的学习，学生能够掌握商务谈判的基础知识、技巧与理论，掌握商务谈判的程序与内容。

（2）能力培养目标。通过本课程的学习，学生能够在实践中运用这些理论与技巧进行商务谈判，具备谈判者应有的素质和条件。

教师要使学生充分地理解、领会以上学习目标，这样才能使学生在学习时不致偏离方向，学生也才会有学习的动力——因为：第一，没有目标的学习，必然是盲目的、机械的学习；第二，按照目标设置理论，目标本身就是一种激励力量。

1.3.2 精心选择和组织教学内容

教师在选择和组织教学内容时需遵循以下原则：

（1）教学内容要具有系统性，要贴近实际。很多国内和国外的教材，读者研读之后仍然不知道如何在谈判中操作和运用。为了解决这个问题，教师可加大谈判程序部分的比例，力争使学生在学习后对谈判的程序有非常明晰的理解和掌握。

(2) 考虑对象，内容选择上具有针对性。因为面向的教育对象是高职高专的学生，所以在选择和组织内容时要突出职业教育的特点，理论上只需做到“必需、够用”即可，具有可操作性的实训、实践环节则须加大比重。

(3) 课时分配上做到主次分明。本课程的教学包括48课时的课堂教学（见表1—1）及为期一周的综合实训教学。课堂教学包括34课时的理论讲授教学、10课时的实训教学、2课时的视频观摩教学和2课时的考前复习。由这些安排可以看出，本课程在课时分配上突出教学重点和难点，为其分配了较多的课时；同时，课程也充分考虑理论与实训的均衡，以贯彻“理实交叉”的教学思想。

表1—1　　课堂教学课时分配表（参考）

序号	课题	课时	课时分配			
			讲授	实训	视频	复习
1	课程综述	2	2			
2	谈判概述	2	2			
3	商务谈判的类型与原则	2	2			
4	商务谈判的评价标准及成功模式	2	2			
5	商务谈判准备	6	4	2		
6	商务谈判开局阶段	6	4	2		
7	商务谈判磋商阶段	6	4	2		
8	商务谈判终局阶段	2	2			
9	商务谈判僵局的处理	6	4	2		
10	商务谈判心理	4	4			
11	商务谈判礼仪	4	2	2		
12	国际商务谈判	2	2			
13	视频观摩	2			2	
14	复习	2				2
合计		48	34	10	2	2

1.3.3　理实交叉，因材施教

受过高教学条件要求的限制，“理实一体”的教学模式在商务谈判教学中很难实现。笔者建议商务谈判教师采用折中的“理实交叉”教学模式。

“理实交叉”教学模式是指在以讲授为主的理论教学中，设计一些实践性项目穿插其中。这些实践性项目的形式可以是实训，也可以是辩论赛、演讲、小品、社会剧等。

在“理实交叉”教学模式下，学生能够在理论和实践相结合的过程中享受到学习的快乐，有助于他们技能的养成和能力的提高。

1.3.4　践行学导式教学法，设计学导式教学流程

学导式教学是指学生在教师的指导下渐进自学的一种教学方法。其特点有：一是变以教授为主为以自学为主；二是变以教师为中心为以学生为中心；三是变注入为辅导①。这种教学方法能够使学生在教师的指导之下，从被动接受知识转变为主动学习知识，真正实

① 孙显元：《高等学校教师教学科研方法》，63页，合肥，合肥工业大学出版社，2005。

现“学生为主体，教师为主导”的教学理念和原则。

遵循学导式教学法，笔者为每章拟定了下面的教学流程，仅供任课教师参考。

(1) 开场。本章学习开始之初，教师须用引言导入本章主题，向学生阐明本章的学习目标，明确教学内容及其进行时间安排，以使学生对本章要学习的内容和要完成的任务做到心中有数，而这一点对激发学生的学习动机、提升学生的学习效果是非常必要的。

(2) 正文学习。正文学习采用逐节学习的方式。每一节（指“章”下的“节”）内容的学习包括以下三个阶段。

1) 自学。学生自学的内容是阅读本章教学内容。为保证效果，自学可以课堂上进行。视某一章内容多少，可为其安排15分钟～30分钟的自学时间。要求学生在自学时边学习、边思考，理解教材内容，找出疑难问题。

2) 自学效果检测。学生自学结束后，教师将向学生提一些简单的问题，作为自学环节的考核内容。

3) 解疑。解疑的工作由学生和教师共同完成。某学生遇到了疑难问题，既可以向同学求教，也可以举手发问，由教师尽“解惑”的责任。

4) 精讲。精讲是指教师针对教材的重点和难点，进行较为详尽的讲授。在精讲过程中，可以穿插示范、演示、操作、提问等教学环节。

(3) 演练。演练包括课堂练习、课后作业和学生天地三部分。

1) 学生完成课堂练习后，教师将抽取部分学生展示作业完成情况，展示时不仅要给出自己的答案，还要介绍自己的解题依据和思路。

2) 课后作业。孔子曰：“学而时习之，不亦说乎”。又曰：“温故而知新，可以为师矣。”学生课后应认真完成老师布置的作业，很多古圣先贤的成功学习经历也证明了这是一种很好的学习方式和学习习惯。

3) 学生天地。学生天地是学生在课堂上充当策划、演员等角色，教师充当欣赏者和协调者的教学环节。每次学生天地一般占用两课时，即一次课的时间。

1.3.5 有理有据，客观考核

考核时一般采用加权平均的方式为学生统计出最终成绩。这种方法需要事先为学生各方面的表现在最终成绩中的影响分配一定的权重，如：平时成绩占30%；期末考试成绩占70%。这种方法对于综合考量学生的表现无疑是有效的。

为了激发表现优异者的学习积极性，鞭策表现不佳者矫正其不良的学习行为，建议在平时成绩的考核中引入激励（包括正激励和负激励）机制。

1.3.6 推荐参考书

安贺新：《推销与谈判技巧》，北京，中国人民大学出版社，2006。

丁建忠：《商务谈判》，北京，中国人民大学出版社，2006。

方琪：《商务谈判——理论、技巧、案例》，北京，中国人民大学出版社，2008。

井润田，席酉民：《国际商务谈判》，北京，机械工业出版社，2007。

[美] 罗伊·J·列维奇等：《列维奇谈判学》，北京，中国人民大学出版社，2008。

石永恒：《商务谈判实务与案例》，北京，机械工业出版社，2008。

孙健敏：《谈判技能》，北京，企业管理出版社，2004。

王方：《商务谈判实训》，大连，东北财经大学出版社，2009。
王国梁：《推销与谈判技巧》，北京，机械工业出版社，2007。
吴建伟，沙龙·谢尔曼：《商务谈判策略》，北京，中国人民大学出版社，2006。
徐文，谷泓：《商务谈判》，北京，中国人民大学出版社，2008。

课堂练习

[单项选择题]

1. 在商务谈判中，谈判双方以（　　）为谈判的核心。

A. 需求　　B. 利益　　C. 价格　　D. 价值

2. 商务谈判客观存在的基础和动力是（　　）。

A. 目标　　B. 关系　　C. 合作　　D. 需要

3. 商务谈判最为基本的要素不包括（　　）。

A. 谈判主体　　B. 谈判时间

C. 谈判客体　　D. 谈判背景

4. 在商务谈判中，要想做到说服对方，应当（　　）。

A. 在必要时采取强硬手段　　B. 使对方明白己方从谈判中获利很小

C. 使对方明白其从谈判中获利很大　　D. 寻找双方利益的一致性

5. 商务谈判追求的主要目的是（　　）。

A. 让对方接受自己的观点　　B. 让对方接受自己的行为

C. 平等的谈判结果　　D. 互惠的经济利益

课后作业

[简答题]

1. 什么是商务？商务包括哪些类别？
2. 商务谈判具有哪些特征？
3. 商务谈判的构成要素主要有哪些？
4. 为什么要学习商务谈判？

[案例分析]

案例一　价格磋商是谈判的需要

一对夫妻在浏览杂志时看到一幅广告中当作背景的老式座钟，非常喜欢。妻子说：“这个座钟是不是你见过的最漂亮的一个？把它放在我们的过道或客厅当中，看起来一定不错吧？”丈夫答道：“的确不错！我也正想找个类似的钟放在家里，不知道多少钱？”研究之后，他们决定要在古董店里找寻那种座钟，并且商定只能接受500元以内的价钱。

他们经过三个月的搜寻后，终于在一家古董店的橱窗里看到了那种座钟，妻子兴奋地叫了起来：“就是这种座钟！没错，就是这种座钟！”丈夫说：“记住，我们绝对不能超出

500 元的预算。”他们走近那个座钟。“哦！”妻子说道，“座钟上的标价是 750 元，我们还是回家算了，我们说过不能超过 500 元的预算，记得吗？”“我记得，”丈夫说，“不过还是试一试吧，我们已经找了那么久，不差这一会儿。”

夫妻私下商量，由丈夫作为谈判者，争取以 500 元买下。随后，丈夫鼓起勇气，对售货员说：“我注意到你们有个座钟要卖，定价就贴在座钟上，而且蒙了不少灰，显得有些旧了。”之后，又说：“告诉你我的打算吧，我给你出个价，只出一次价，就这么说定。想你可能会吓一跳，你准备好了吗？”他停了一下以增加效果，“你听着——250 元。”那个座钟的售货员连眼也不眨一下，说道：“卖了，那个座钟是你的了。”

那个丈夫的第一反应是什么呢？得意洋洋？——“我真的很棒！不但得到了优惠，还得到了我想要的东西。”不！绝不！他的最初反应必然是：“我真蠢！我该对那个家伙出价 150 元才对！”你也知道他的第二反应：“这个座钟怎么这么便宜？一定是有什么问题！”

然而，他还是把那个座钟放在了客厅里，看起来非常美丽，好像也没什么毛病。但是他和太太却始终感到不安。那晚他们安歇后，半夜曾三度起来，因为他们没有听到座钟的声响。这种情形持续了无数个夜晚，他们的健康迅速恶化，开始感到紧张过度并且都有了高血压的毛病。

资料来源：http://www.doc88.com/p-186398974820.html。

问题：这对夫妻以远低于预期的价格购得座钟，为什么却始终感到不安，以至于健康受到了严重的影响？

案例二

某县一饮料厂欲购买意大利固体橘汁饮料的生产技术与设备。派往意大利的谈判小组包括以下四名核心人员：该厂厂长、该县主管工业的副县长、县经委主任和县财办主任。

资料来源：http://vtcdev.ctbu.edu.cn/a/jiaowuzaixian/kechengguanli/2010/0911/133.html。

问题：

（1）如此安排谈判人员说明中国人的谈判带有何种色彩？

（2）如此安排谈判人员理论上会导致什么样的后果？

（3）如何调整谈判人员？

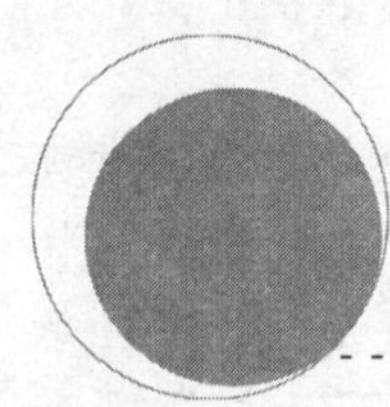

第2章 谈判概述

教学目标

认识并掌握谈判的本质；掌握谈判战略决策的方法；了解谈判的一般流程。

教学内容

2.1 谈判的本质

2.2 谈判战略决策的方法

2.3 谈判的一般流程

2.1 谈判的本质

谈判是具有利害关系的双方或多方为了协调彼此之间的关系，满足各自的需要，通过协商洽谈以争取达到一致的行为和过程。谈判之所以发生有这样一些原因：一是为了瓜分有限的资源，如土地、财产或者时间。二是为了创造一些新的产出，这些产出是谈判各方不可能独自创造的。三是为了解决各方之间的问题或争端。① 不管出于哪种原因，谈判已经成为解决很多问题的重要手段。

下面结合案例就谈判的本质及其相关内容进行阐述。

案例

新的一天开始了。吃早餐时，苏·卡特问丈夫乔·卡特准备去哪里度暑假。苏想报名参加大学校友会组织的远东之旅，乔却不愿意。他不喜欢两周的时间都和一群素不相识的游客在一起，他希望远离人群，远离尘嚣，不受日程安排的限制，租用一艘游艇漫游在新英格兰海岸。两人虽然没有争吵，但是显然他们的想法实在难以统一。有些朋友通常采取分开度假的方式解决这样的问题，然而由于乔和苏都从事全职工作，他们认为还是应该在

---

① [美] 罗伊·J·列维奇等：《列维奇谈判学》，2～3页，北京，中国人民大学出版社，2008。

一起度假。

除此之外，他们也不敢确定两个孩子——特蕾西和特德是否愿意和他们同行。特蕾西很想参加体操夏令营。特德则想留在家中帮助周围邻居收拾院子，一方面可以锻炼身体以参加橄榄球队，另一方面也可以挣点钱买辆小型摩托车。乔和苏无力承担四个人同时参加夏令营和度假的费用，更不用说如何解决他们不在期间谁来照看孩子的问题了。

乔在驱车上班的路上仍在思考着度假的事。最令他感到头疼的是似乎没有一个好的办法来解决这个矛盾。有些家庭矛盾可以通过折中的办法化解，但这次是要满足每个人的愿望，折中显然无济于事。还有些问题可以用抛硬币或者轮流坐庄的方法来解决，例如确定去哪家餐厅吃饭（乔和特德喜欢去牛排餐厅，苏和特蕾西喜欢去中餐厅），但是对度假的问题采取这种方式似乎并不是明智之举，因为这次度假开销很大，而且对每个成员来说都机会难得。再者，用抛硬币的方法会令输者感到运气太差，令赢者心怀愧疚，无法让双方都满意。

穿过停车场时，乔遇见了公司采购部经理埃德·雷恩先生。乔是微瓦特公司（一家小型电动摩托车制造公司）工程设计部的经理。埃德提醒乔，他们必须解决由乔所在部门的工程师引起的问题：工程师不经过采购部而直接与供应商联系。乔知道采购部希望公司所有部门与供应商的联系都要通过他们，但是他也清楚工程师们出于设计目的急需技术信息，如果等待从采购部获取信息就会严重地影响工作效率。埃德·雷恩也了解乔对这个问题的看法，乔认为如果两个人能够真正地坐在一起好好商量，或许能够找到解决问题的办法。乔和埃德都知道公司高层管理者的态度是希望中层管理者能够自己解决彼此之间的分歧，如果这件事闹上去，两人的脸面上都无光。

乔刚进办公室就接到了一位汽车推销员询问苏是否想试驾新车的电话。乔前一段时间一直在与这位推销员讨论购买新车的事情。他看中了一辆进口豪华汽车，但是没有十分的把握认为苏会同意他的选择，他猜想苏会嫌它太贵。乔对推销员的最新报价感到满意，但是想到也许还能让他在价格上再做出一些让步，于是便告知推销员苏的态度可能很勉强，希望以此来给推销员施加压力，迫使他降低价格。

乔刚挂断电话，铃声又响了起来。这次电话是苏打来的。苏是当地一家银行的高级信贷员。她打来电话是向乔发泄对银行某些工作程序的不满。苏对自己在一家办公自动化程度不高、官僚作风严重、不能及时响应客户需求的家族式银行工作而感到失望。某些类型的贷款在竞争对手银行只需要三个小时就可审批完毕，而在苏工作的银行却需要一周的时间。由于银行的工作效率低下和繁文缛节过多，苏失去了两笔眼看就要成功的大的贷款业务。而且，这种事情发生的频率已经变得越来越高了。可是，每当苏试图和银行高层管理者讨论这种局面时，却总是遭到他们的反对和一番宣扬传统价值观重要性的说教。

乔下午的大多数时间都用来开年度预算会议了。他非常反感这些会议。财务部的人走进会议室，专横地将每个人的预算砍掉30%。接着是经理们无休止地争论，他们竭尽所能，想使一些新项目的资金能够保留下来。乔善于与人打交道，甚至包括他不喜欢的人，但是和财务部那些趾高气扬、专横无礼且专门进行复杂计算的人打交道仍令他感到头痛。他不明白最高领导者为什么看不见这些人的所作所为给工程部的开发工作带来了多大的危害。乔自认为是通情达理的人，但是这些人的表现却使他不想做出一点点让步。他准备划出一条底线，不达底线决不罢休。

晚上，乔和苏参加了城镇自然保护委员会的会议。自然保护委员会主要负责保护城镇的溪流、湿地、自然保护区以及其他生态环境。苏是保护委员会的成员。苏和乔都坚决支持对环境实行全面地保护和管理。今天晚上讨论的问题事关一家房地产开发公司。这家公司申请排干一片沼泽地和一条小溪，用于建造一个大型购物中心。所有的计划都显示出新的购物中心可以带来大量的就业机会和利润，镇财政收入也会快速增长。目前他们所在的城市非常需要一个新购物中心来取代原来已经倒闭的几个购物中心，这样既可以解决大量失业人口的就业问题，也可以增加税收。但是这个计划也可能对湿地及周围地区的生态环境带来无法挽救的破坏。开发公司提出的初始计划存在很多严重的问题，因此委员会让苏看看能否有一个各方都可以接受的解决方案。最后，他们选择了一个利大于弊的地点，并拟定了新计划。但是现在苏同委员会中那些反对对湿地做任何改变的环境保护主义者发生了争执。此外，申请的消息一经泄露出去，甚至一些镇议会议员也决定加入到这场环境保护的争议中来。

当乔和苏离开委员会开车回家时，他们讨论着这几天各自的生活。他们都认为生活很奇妙，因为有时问题可以轻而易举地解决，有时则变得错综复杂。晚上睡觉时，他们都在思考当天可能会出现的种种糟糕情形，同时为双方能够保持这种真诚、坦率的交流关系而庆幸。

资料来源：［美］罗伊·J·列维奇等：《列维奇谈判学》，4～5页，北京，中国人民大学出版社，2008。

2.1.1 谈判的特征[①]

由上面的案例可以看到，乔和苏一天内遇到了六个需要通过谈判来解决的问题，这足以说明谈判在生活中的普遍。谈判有以下基本特征：

（1）谈判涉及双方或多方（未做说明的情况下，本课程介绍和阐述的谈判均指涉及双方的谈判，即双边谈判）。案例中，乔与自己的妻子、采购部经理、汽车推销员、财务部的人进行谈判；苏与自己的丈夫、所在银行的高层管理者、自然保护委员会进行谈判。乔和苏还面临着与孩子们之间的谈判。

（2）谈判各方的需要之间存在冲突，而且他们期望寻求化解冲突、满足需要的方法。案例中乔和苏遇到的每一个问题均源于这种冲突，而且他们也期望寻求办法来化解冲突。

（3）参加谈判是各方自愿选择的行为。各方之所以参加谈判，是因为他们认为通过谈判取得的结果比不谈判要好。

（4）谈判各方均期望对方在谈判中做出让步。谈判各方都期望对方能够对最初的主张、请求或者要求做出修改或妥协，即使是在找到了一个能够创造更多共同价值的解决方案的情况下。

（5）谈判各方更愿意通过谈判达成一致意见，而不愿意直接接受对方的意见或做公开的斗争。

---

① 本部分主要根据罗伊·J·列维奇等著的《列维奇谈判学》（北京，中国人民大学出版社，2008）的相关部分编写。

比如在案例中，乔采取了谈判的手段，而不是让妻子来决定假期问题或通过强硬的态度让妻子听命于自己；乔通过谈判迫使汽车销售员降低价格，而不是按照报价付款或直接回绝；乔通过谈判来阻止预算的消减，而不是逆来顺受地接受或以辞职做抗议；苏通过谈判试图变更银行贷款审查程序，而不是甘于现状或因不平而一走了之；苏通过谈判力图变更购物中心地址选择方案，使环境保护主义者和商人都满意，而不是袖手旁观或者任由事情交给法庭判决。

(6) 成功的谈判既包括对有形因素的处理，也包括对无形因素的掌控。

有形因素指价格、协议条款等问题。无形因素指可对谈判产生直接或间接影响的谈判者潜在的心理动机，包括：1) 逞强心理——必须"赢"，要打败对方，或者决不能输给对方；2) 爱"面子"心理——在你所代表的人面前必须表现得"良好"、"有能力"或者"坚毅"；3) 维护正统心理——在谈判中必须捍卫原则或者先例；4) "贵族"心理——必须显得"公正"或者"令人景仰"。[①]

无形因素的根源通常在于人们的价值观和情感，有可能对谈判的进程和结果产生巨大的影响。例如，乔不希望埃德·莱恩对采购问题感到气愤，因为在接踵而来的预算谈判中他需要莱恩的支持，但是乔也不想在期待他撑腰的本部门工程师面前丢失颜面。

2.1.2 谈判双方的关系——相互依赖关系

双方之间的关系通常分为三种，即相互独立的、单向依赖的和相互依赖的关系。[②] 谈判双方相互合作比各自为政能够取得更好的结果，我们称谈判双方的关系为相互依赖关系。

谈判双方的相互依赖关系分为两种类型：竞争型和合作型。

当双方的目标相互制约，一方目标的实现会阻碍其他方目标的实现时，谈判双方相互依赖关系的类型就是竞争型，也称零和式、分配型或对抗型。此时双方所处的情境我们称之为竞争型相互依赖情境，比如双方或多方分配一大笔资金、有限的时间等。

与此相反，当双方的目标联系得非常紧密，以至于一方目标的实现有助于其他方目标的实现时，谈判双方相互依赖关系的类型就是互利型，也称非零和式、整合型或合作型。此时双方所处的情境我们称之为合作型相互依赖情境。在这种情况下，双方实现目标的几率呈正相关关系。

谈判双方相互依赖关系的类型会极大地影响谈判的进程和结果。在现实中纯粹的竞争型关系或合作型关系几乎是不存在的，意即几乎所有的谈判关系均处于两种类型之间。这就要求我们要对双方的关系作出相对准确的判断，以便采取相宜的战略与策略。

在竞争型情境下，通常谈判各方均会想方设法在有限的资源中争得更多的利益，谈判的目的只有一个，就是索取价值。与竞争型情境相反，在合作型情境中谈判各方通常均会采用双赢的谈判方式，其目的主要体现为创造更多的价值。

在现实中大多数谈判都是竞争型情境和合作型情境相互交织在一起的。谈判者必须能够认清哪些情境必须以竞争型谈判方式为主，哪些必须以合作型方式为主。大多数谈判应

---

① "无形因素"部分参考罗伊·J·列维奇等著的《列维奇谈判学》(北京，中国人民大学出版社，2008)。

② [美] 罗伊·J·列维奇等：《列维奇谈判学》，8页，北京，中国人民大学出版社，2008。

该采用合作的策略，但在有些情况下，竞争型谈判方式也许是最好的选择。这些情况包括：资源有限、对方咄咄逼人或仗势欺人等。

2.1.3 谈判的替代方案

所谓替代方案，是指除本次谈判外，其他的可能解决所面临问题的办法和途径。替代方案非常重要，因为有了替代方案，如果现行的谈判进展得不理想，谈判者就可以中止谈判。不同的谈判情境，可行的替代方案的数量也不同。如果较为理想的替代方案多，谈判者在谈判中的谈判实力就比较强，地位上也会更为主动。

谈判者还必须知晓达成谈判协议的最佳替代方案（best alternative to a negotiated agreement，BATNA）①。替代方案多是有益的，但只有最佳替代方案才对达成协议或终止谈判起着决定性的作用。另外，按照“知己知彼”的思想，谈判者还应了解对方的最佳替代方案。双方的最佳替代方案可能就决定了双方的关系是相互独立的、单向依赖的还是相互依赖的。

2.1.4 谈判过程中的相互调整

前文已提到，谈判双方在需要上存在冲突，而且他们期望化解冲突以满足各自的需要。在化解冲突的过程中，任何一方都可以影响对方的立场、观点和策略，同时己方也会受到对方的影响，这也就意味着双方在谈判过程中都在进行着相互调整。

谈判的第一步通常是阐述观点。双方都提出自己首选的解决问题的建议并希望对方能够接受，但是他们并不真的认为对方会毫不犹豫地接受自己的建议。如果建议未能被对方接受，谈判者便开始为自己的观点进行辩护，同时驳斥对方的观点。双方在反驳中通常建议另一方改变立场，也可能包含己方立场做出的某些改变。当一方同意改变立场时，便是做出了让步。

在相互调整中谈判者都面临两种困境：一种是诚实的困境，另一种是信任的困境。②

诚实的困境是指很难决定应该向对方透露多少实情。一方面，向对方和盘托出己方的实情可能会使对方在谈判中有机可乘；另一方面，完全不告诉对方己方的需求和期望又可能会使谈判陷入僵局。

信任的困境是指谈判者在应该多大程度上信任对方的问题上很难做出决断。如果完全信任对方，对方可能利用自己；如果完全不信任对方，达成协议可能就面临很大的困难。

2.2 谈判战略决策的方法

萨维奇（Savage）、布莱尔（Blair）和索伦森（Sorenson）为谈判战略决策提出了一个双重利益模型（如图 2—1 所示）。据此模型，谈判者在进行谈判战略决策时有 4 种选择：竞争、合作、调和和回避。

如果只想实现现实利益，而不考虑今后双方关系的优劣，谈判者往往会采用竞争战略。如果只想实现关系目标，即建立、维系或者巩固与对方的良好关系，谈判者可采用调

① ［美］罗伊·J·列维奇等：《列维奇谈判学》，9 页，北京，中国人民大学出版社，2008。

② 同上书，12 页。

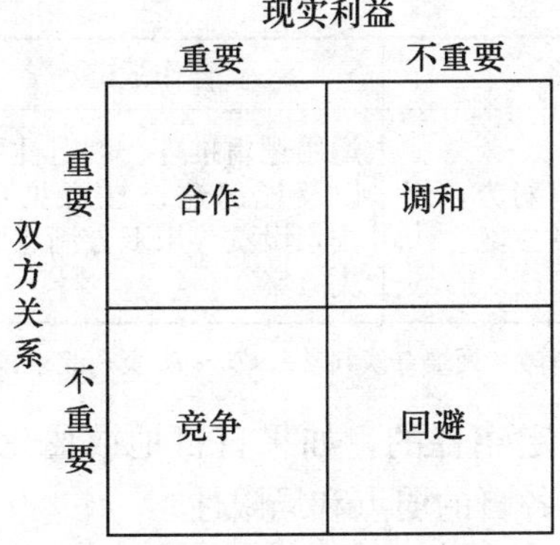

图 2—1　双重利益模型

资料来源：[美]罗伊·J·列维奇等：《列维奇谈判学》，73 页，北京，中国人民大学出版社，2008。

和战略。如果要兼得现实利益和双方良好的关系，则谈判者应该采取合作战略。如果现实利益和双方的关系对自己来说均无足轻重，那么回避战略就是最合适的选择。

回避为不参与谈判的战略，竞争、合作、调和为三种积极参与谈判的战略。下面我们用表 2—1 来体现三种参与战略的特点，并对它们之间的异同进行比较。

表 2—1　　不同参与战略的特点

事项	竞争战略	合作战略	调和战略
收益结构	可分配的资源量通常是固定的	可分配的资源量通常是不固定的	可分配的资源量通常是固定的
目标实现	通过阻碍对方目标的实现来实现自己的目标	己方目标的实现与对方目标的实现密切相关	为让对方实现目标而将己方目标置于次要位置
关系	立足眼前：双方并不期待今后还合作	立足长远：双方希望今后还合作	可能立足眼前（让对方获胜以避免冲突），也可能立足长远（让对方获胜以促进今后的互利互惠）
主要动机	实现自身利益最大化	使双方利益最大化	使对方利益最大化或者使对方获利以巩固关系
信任与坦诚	保密与防御：相信自己，不相信对方	信任与坦诚：主动倾听，共同探讨问题解决方案	一方相对坦诚，从而将自己的弱点暴露给对方
需求了解	双方都知道自己的需要，却秘而不宣或者故意误导对方，双方都不想让对方掌握自己的真实需要	在了解和对对方的需要做出回应的过程中，清楚自己的需要，并且将其传达给对方	一方对另一方需要的反应过度，压制自己的需要
可预测性	用不可预测性和意外性迷惑对方	在适当的时候双方的行为都是可预测和灵活的，尽量不让对方感到意外	一方的行为是完全可预测的，总是在迎合对方
攻击性	用威胁、欺诈等手段迷惑对方	双方诚实地交流信息，理解和尊重对方	一方放弃自己的立场，迁就对方

续前表

事项	竞争战略	合作战略	调和战略
寻求解决方案	同对方争辩、操纵对方，想方设法坚持自己的立场	运用逻辑推理、创造性思维以及提出建设性意见等方法，设法寻求双方满意的解决方案	一方想方设法迁就对方

资料来源：[美] 罗伊·J·列维奇等：《列维奇谈判学》，75～76页，北京，中国人民大学出版社，2008。

三种战略的运用是需要一定条件的，如果盲目地或僵化地运用，就很难取得好的效果，这是因为三种战略均有其各自的弱点和局限性。

(1) 竞争战略往往会使谈判者扭曲地评价对方做出的贡献和付出的努力，因而可能会错失谈判成功的良机。

(2) 如果不考虑对方的战略便采用合作战略，谈判者就有可能使对方利用自己表现出的合作愿望，因而受制于对方。盲目地追求合作还可能导致谈判结果不为自己的公司所接受。

(3) 调和战略可能会造成谈判者不断妥协的局面出现。这种局面一旦成为惯例就很难被打破，因为这种战略会给对方带来一种错觉，即他们获得好处是理所当然的。这种错觉可能会使对方完全忽视谈判者在实质利益上所做出的让步，但让步一旦中止又很容易招致对方不满。

2.3 谈判的一般流程

在正式从事谈判工作以前，谈判者有必要了解谈判的一般流程。

伦纳德·格林哈希尔（Leonard Greenhalgh）提出的谈判阶段模型将理想的谈判过程分为7个阶段。[①]

(1) 准备阶段。该阶段的任务是确定重要事项、明确目标、提前考虑如何与对方合作。

(2) 关系建立阶段。该阶段的任务是了解对方、了解己方与对方之间的异同点、承诺致力于达成双方受惠的谈判结果。

(3) 信息收集阶段。该阶段的任务是围绕着提出的问题、对方的需要、潜在解决方法的可行性以及如果无法与对方达成协议将会出现何种情况等，收集必要的信息。

(4) 信息利用阶段。在该阶段，谈判者从自己所倾向的谈判结果或者解决方法出发，也就是从能够使自己的需要得到最大限度的满足的角度出发，提出各种理由和依据来阐述自己的立场。这种阐述常用来向对方“兜售”谈判者所倾向的谈判结果。

(5) 出价阶段。该阶段是双方从各自最初的理想立场出发向着实际结果靠拢的过程。在出价过程中，双方进行初始报价，然后在此基础上向中间价逐步靠近。

(6) 完成谈判阶段。该阶段的目标是对前一阶段所达成的谈判协议做出承诺。双方都

---

① [美] 罗伊·J·列维奇等：《列维奇谈判学》，76～77页，北京，中国人民大学出版社，2008，有改动。

要确保对于所达成的协议是满意的，至少是可接受的。

（7）履行协议阶段。在履行协议的过程中发现协议有纰漏、重要问题被忽视、情况发生了变化或者又出现了新的问题的情况并不鲜见。前面各个阶段中的纰漏在这个阶段出现，可能需要重新开始谈判或者由协调者、仲裁者或者法院来解决出现的问题。

格林哈希尔指出，这个模型在很大程度上是规范性的，也就是说，人们应该就这样去谈判。尽管如此，不同文化背景下的谈判者常常偏离这个模型，而且这种偏离会给谈判带来好的效果而非不良后果。例如，美国谈判者不会在建立关系和制定谈判计划上花大力气，而中国的谈判者则会在建立关系方面花费大量的时间。

课堂练习

[单项选择题]

1. 谈判时，谈判各方期望谈判是一个“（　　）”的过程。

A. 互让　B. 对抗　C. 单方面让步　D. 鱼死网破

2. 参加谈判是各方（　　）的行为。

A. 被迫　B. 随机　C. 自愿选择　D. 下意识

3. 当双方的目标相互制约，就如同只有一名胜利者的比赛一样，只能有一方实现目标时，谈判双方相互依赖关系的类型就是（　　）。

A. 非零和式　B. 零和式　C. 整合型　D. 合作型

4. 竞争型谈判的目的是（　　）。

A. 索取价值　B. 创造价值　C. 毁灭价值　D. 两败俱伤

5. 谈判的替代方案，是指（　　）。

A. 谈判中双方旨在创造价值的备选方案

B. 谈判准备过程拟定的谈判计划的备选方案

C. 除本次谈判外，其他的可能解决所面临问题的办法和途径

6. 大多数谈判都是（　　）的。

A. 竞争型情境　B. 竞争型情境和合作型情境交织在一起

C. 合作型情境　D. 零和式情境

7. 竞争型情境又称（　　）。

A. 零和式情境　B. 非零和式情境

C. 整合型情境　D. 互利型情境

课后作业

[简答题]

1. 谈判情境具有哪些共性特征？

2. 什么是谈判中的相互依赖关系？分哪两种？最佳替代方案会对双方的相互依赖关系产生什么样的影响？

3. 什么是谈判过程中的相互调整?

4. 举例说明谈判过程中的价值索取与价值创造。

5. 如何根据双重利益模型来进行谈判战略决策?

6. 伦纳德·格林哈希尔提出理想的谈判过程包括哪几个阶段?

[案例分析]

“你切我挑”的陷阱

美国谈判学会会长、著名律师尼尔伦伯格讲过一个著名的分橙子的故事。有一个妈妈把一个橙子给两个孩子。不管从哪里下刀，两个孩子都觉得不公平。两个人吵来吵去，最终达成了一致意见，由一个孩子负责切橙子，另一个孩子选橙子。结果，这两个孩子按照商定的办法各自取得了一半橙子，高高兴兴地拿回家去了。

在商务谈判中经常会用到“你切我挑”的方法，这种方法看似公平，但存在着致命的双方利益损失陷阱。主要的原因是没有事先了解清楚双方的需求。对外经济贸易大学王健教授讲过一个“你切我挑”的续集。

第一个孩子把半个橙子拿到家，把皮剥掉扔进了垃圾桶，把果肉放到果汁机上打果汁喝。另一个孩子回到家把果肉挖掉扔进了垃圾桶，把橙子皮留下来磨碎了，混在面粉里烤蛋糕吃。

从上面的情形我们可以看出，虽然两个孩子各自拿到了看似公平的一半，然而，他们各自得到的东西却未物尽其用。这说明，他们在事先并未做好沟通，也就是两个孩子并没有申明各自利益所在。没有事先申明价值导致了双方盲目追求形式上和立场上的公平，结果双方各自的利益并未在谈判中达到最大化。

我们试想，如果两个孩子充分交流各自所需，或许会有多个方案和情况出现。可能的一种情况，就是遵循上述情形，两个孩子想办法将皮和果肉分开，一个拿果肉去打汁，另一个拿皮去做烤蛋糕。然而，也可能经过沟通后是另外的情况，恰恰有一个孩子既想要皮做蛋糕，又想喝橙子汁。这时，如何能创造价值就非常重要了。

结果，想要整个橙子的孩子提议可以将其他的问题拿出来一块谈。他说：“如果把这个橙子全给我，你上次欠我的棒棒糖就不用还了。”其实，他的牙齿被蛀得一塌糊涂，父母上星期就不让他吃糖了。

另一个孩子想了一想，很快就答应了。他刚刚从父母那儿要了五块钱，准备买糖还债。这次他可以用这五块钱去打游戏，才不在乎这酸溜溜的橙子汁呢。

资料来源：http://wenku.baidu.com/view/6ea8c0fd700abb68a982fba9.html。

问题：从该案例中我们能够获得什么启示?

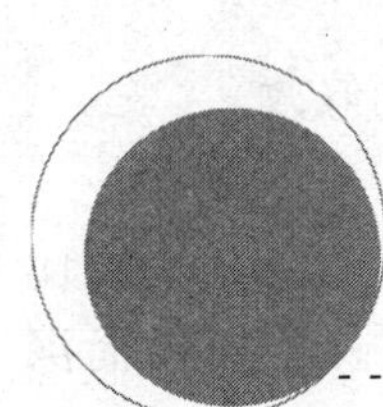

第3章 商务谈判的类型与原则

教学目标

了解商务谈判的类型，以便在实践中选择和应对不同类型的谈判；理解、掌握商务谈判的原则，以求在以后实际的商务谈判中能够遵循和灵活运用。

教学内容

3.1 商务谈判的类型

3.1.1 按谈判人数分类

按参加谈判的人数可以把商务谈判分为一对一谈判和小组谈判。

1. 一对一谈判

一对一谈判是指参与谈判的各方只派出一人出席谈判。一对一谈判中谈判者需要“单刀赴会”，一人应付全局，这就对谈判者提出了很高的要求——如有胆有识、有经验、有洞察力、判断力强等。

一对一谈判的优点：

(1) 谈判方式灵活，易于营造和谐气氛。因为“一对一”，凡事好商量，很多情况下可以便宜行事。

(2) 决策通常比较迅速。一般而言，一对一谈判的谈判人员通常得到了足够的授权，一般不会出现小组谈判中常见的议而不决现象。

(3) 不会出现小组谈判中相互配合不力的现象。因为一方只有一个人参与谈判，因而不存在两人及以上人员相互配合的问题。

(4) 更易于保密。商务谈判中的有些信息是应该向对方或外界保密的。不难理解，相对于小组谈判，一对一谈判更易于保守秘密。

一对一谈判一般适用于以下情况：

（1）谈判双方存在长期的友好的合作关系。

（2）推销员与顾客代表均得到了充分的授权。

（3）续签合同。合同的主要条款已经商定，只需在次要条款上做局部的修改。

2. 小组谈判

小组谈判是指每一方的谈判人员人数均在两个或两个以上的谈判。大型谈判或内容比较复杂的谈判一般都采用小组谈判的形式。由于这类谈判往往对谈判双方影响巨大而深远，所以必须准备充分、计划周详，不允许存在丝毫马虎和半点破绽。为此，在谈判前双方必须组织得力的谈判小组，小组成员之间要既有分工又有协作，取长补短，各尽所能，以便提升谈判的效率和效果。

小组谈判具有以下特点：

（1）有利于发挥集体的智慧与力量。受客观条件限制，任何一位谈判者都不可能具备谈判所需要的一切知识和技能，通过小组谈判就可以克服自己的不足，充分利用集体的智慧和力量。

（2）可以更好地运用谈判谋略和技巧，更好地发挥谈判人员的主观能动性。

（3）谈判人数的增加可以增大处理各种事务时的回旋余地，谈判中如果出现僵局，小组谈判更易于找到消除的方式和方法。

（4）达成的协议具有更高的履约率。这是因为集体协商后达成的协议往往更为合理，同时也对双方具有更大的约束力。

（5）容易产生分歧，引起内耗。在小组谈判中如果谈判人员内部对某些问题产生重大分歧时，谈判的进程甚至谈判的结果都可能会因此而受到影响。

（6）谈判消耗的费用通常会比较高。

3.1.2 按参加谈判的利益主体数量来分类

根据参加谈判的利益主体数量的多少，可以将商务谈判划分为双边谈判和多边谈判。双边谈判是指只有两个利益主体参加的谈判。多边谈判是指有两个以上利益主体参加的谈判。

通常双边谈判与多边谈判的复杂程度是不同的。例如，在建立中外合资企业的谈判中，如果中方一家公司和外方也只有一家公司进行双边谈判，双方的利益关系就比较容易协调，因为只需要协调两个公司的关系即可。如果中方的两家公司和外方的两家公司进行多边谈判，则这场谈判相对就更为错综复杂，因为需要协调各方之间的利益关系。

本教材主要介绍双边谈判，在未做特殊说明的情况下，教材中对谈判的阐述和介绍均针对双边谈判。

3.1.3 按照相互依赖情境来分类

相互依赖情境决定了谈判者在谈判中采用的战略和策略，因此我们可以根据双方所处的相互依赖情境，把谈判分为竞争型谈判和合作型谈判。

1. 竞争型谈判

在竞争型相互依赖情境下，谈判者全力以赴赢得竞争和打败对方，尽可能从有限的资源中获得最大的利益。为了达到这个目的，谈判者通常采用非赢即输的战略。我们称这种谈判为竞争型谈判。这种谈判方式接受了在当前局势下只能有一个胜者的现实，采取一切行为争当获胜者。谈判的目的就是索取价值，也就是采取一切必要的手段去尽可能得到更多的利益。

2. 合作型谈判

在合作型相互依赖情境中，谈判者往往采取合作型的谈判方式。他们努力寻求使双方都能取得进展并且实现目标的解决方案，以便创造更多的价值，使双方实现各自的谈判目标。比如新郎方和新娘方协商筹办一场婚礼，使新郎、新娘及双方的亲属感到高兴和满意、使双方的朋友感到愉快是筹办者的共同目的。

现实中纯粹的竞争型谈判或合作型谈判几乎是不存在的，这就要求我们辨明谈判更倾向于哪种类型，以便制定符合谈判性质的谈判战略。

3.1.4　按谈判展开的方式来分类

按谈判展开的方式不同可以将商务谈判分为纵向谈判和横向谈判两类。

1. 纵向谈判（逐项谈判）

纵向谈判是指谈判双方逐项地、严格按照次序来讨论既定谈判议题的谈判方式，其优点有：

(1) 程序明确，易于操作和掌控；

(2) 因每次只谈一个问题，有利于较为彻底地解决问题；

(3) 能够避免多头牵制、议而不决的弊病。

但是这种谈判方式也存在明显不足：

(1) 议程确定过于死板，不利于双方进行更加有效的沟通；

(2) 容易因一问题的停滞而影响其他问题的解决，甚至可能因此而使谈判陷入僵局；

(3) 不利于充分发挥谈判人员的想象力、创造力以及灵活、变通地处理谈判中的问题。

2. 横向谈判（循环谈判）

横向谈判的方式是这样的：当谈判双方在依次商讨既定谈判议题时，如在某一议题上出现分歧且暂时难以消除时，就把这一议题暂时搁置，转而去讨论其他问题，稍后或最后再回头讨论被搁置的问题。

横向谈判的优点是：

(1) 可以更好地贯彻“重利益不重立场”的谈判原则，往往能够避免谈判僵局的发生；

(2) 有利于发挥谈判人员的创造力、想象力，更充分地运用谈判策略和技巧。

这种谈判方式的不足是：

(1) 易使谈判双方纠结于枝节，忽视或有意无意地逃避谈判的主要、关键问题；

(2) 易出现多头牵制、议而不决的现象。

总之，在商务谈判中，采用哪一种谈判方式主要是根据谈判的规模、内容、复杂程度等来确定。一般来讲，大型谈判、多边谈判大都采用横向谈判形式，而规模小、业务简单，特别是双方已有合作历史的谈判，可采用纵向谈判方式。

3.2　商务谈判的原则

3.2.1　平等原则

平等是指谈判双方在法律和人格上的平等。参与谈判的双方或多方无论其经济实力是强还是弱，水平是高还是低，对交易项目都具有“否决权”，其中一方拒绝合作，另一方实力再强也无济于事。从这一点来看，交易双方的这种“否决权”是对等的，这种对等的否决权在客观上赋予了谈判双方相对平等的地位，谈判当事人必须充分认识并尊重对方的这种地位。否则，谈判是很难取得一致的。

案例

我们是平等的

原定于1995年12月德国总理科尔访华前结束的上海地铁二号线谈判陷入了僵局。由于地铁一号线的良好合作，德国成为向上海地铁二号线提供政府贷款的首选国家，贷款总额高达7.8亿马克。但最后是否确定还要看对方提供的地铁设备的价格是否合理。形成僵局的原因是对方的报价比中方能接受的价格高出7 500万美元。

中方代表根据手中掌握的地铁车辆国际行情，知道即使按照中方的报价，德国公司仍然有钱可赚。同时中方代表也清楚地知道，对方企图倚仗提供了政府贷款就漫天要价，把贷款的优惠通过车辆的卖价又悄悄地拿回去。谈判在北京进行了一轮又一轮，科尔总理如期访华，原定在北京签字的上海地铁二号线贷款协议未能如期签署。随着科尔来到上海，谈判也转移到上海进行，这时已经到了最后的关头。对方代表到处造舆论，扬言要撤回贷款。了解内情的人包括一些高职位的领导都提出了警告：不要为了7 500万美元，丢了7.8亿马克。对方代表更是有恃无恐，甚至在谈判桌上拍桌子威胁中方代表，扬言再不签约，一切后果由中方来负责。

中方代表非常冷静地朝他做了一个手势说：“请你们不要这样激动，也不要用这种要挟的态度。我们现在不是乞求你们贷款，请你用平等的态度看待我们的分歧。”

中方代表接着说，在国际融资中，贷款者和借贷者应该是一种平等互利的关系，成功的融资谈判应该都是“赢家”。中方代表十分明确地告诉对方代表，如果不把车辆价格降下来，他将向上级汇报，中方将谋求其他国家的贷款；而谈判破裂的后果，将由德方负责。

由于中方代表拒绝在协议上签字，科尔访华期间签署的上海地铁二号线贷款协议，不仅未能在北京如期签署，结果在上海也未能签署。德方代表这才见了“真佛”！在以后的谈判中不得不缓和自己的态度。经过一轮又一轮的艰苦谈判，德方代表最后同意把车辆的价格下降7 500万美元，整个地铁项目的报价也比原来降低了1.07亿美元。

中方代表坚持到了最后，也取得了最终的胜利！

资料来源：石宝明，石宝山：《商务谈判》，61页，大连，大连理工大学出版社，2007。

3.2.2 互利互惠原则

互利互惠原则是指谈判双方应在谈判的过程中既关注和追求己方利益，同时也考虑并尊重对方的利益诉求。

谈判利益是指谈判给谈判主体带来的状况的改善，包括现实利益和潜在利益。

(1) 现实利益。现实利益是指谈判中可以很直观地观察到和考虑到的利益，可分为物质形态和精神形态两类。物质利益是指交易的具体条件项目如商品的价格、性能所带来的利益，我们可以把谈判者在某一项交易条件项目获得的利益称为一个利益项。精神利益是指谈判者在交易中获得的愉悦的感受。

(2) 潜在利益。潜在利益是指某项交易在成功履行后带来的延伸利益。它与现实利益一样，也有物质和精神两种形态。

可见，谈判某一方要从谈判中获得的利益往往不止一项，而是由几个或很多利益项构成的。而这些利益项对于谈判者而言，其重要程度是不一样的，其中谈判者最为关注的利益项我们可称为核心利益项。有的谈判者最关注的是价格上的优惠，那么价廉就是其核心利益项；有的谈判者最关注的是供货及时，那么供货及时就是他的核心利益项。

谈判一方的某个利益项和另一方的某个利益项的关系有两种：对立或相容。比如卖方希望通过卖高价获得丰厚的利润，而买方希望通过低价购买降低成本，所以在价格上双方的利益项就是对立的。而与此相反的一个例子是：卖方主要关心的是货款的一次结算，买方主要关心的是产品质量是否过硬，此时双方的这两项利益项便是相容的。

因此，认为谈判双方的利益相互对立的传统观念是错误的，至少也是片面的。事实上，在谈判中每一方都有自己各自的利益项，而且双方所关注的利益项并不一定是对立的或完全对立的。谈判的一个重要思路便是协调双方的谈判行为，寻求能够给双方带来更大利益的问题解决方案。正是从这种思路出发，著名的美国谈判学会会长贾拉德·尼伦伯格把谈判称为“合作的利己主义”。

案例

上海某鞋厂与日本A株式会社做成一笔布鞋生意，但因日方预测失误，加上运期较长，布鞋运抵日本后错过了销售季节，大量积压。日方提出退货。按惯例这是不行的，但中方在分析之后认为，如果不退货，A株式会社将立即破产，这样中方就少了一个合作伙伴，在海外也会造成一些不利影响。如果答应退货，不仅上述情况可以避免，这批货还可以在国内市场销售，估计并不赔钱，因此，原则上答应了日方的要求。双方经过磋商，最终确定用同等货值的一批畅销货换回积压的布鞋，所有退货的运杂费则由日方支付。日方对此十分满意，我方也因此名声大振，此事在日本立时见报，很快就有几家商行来人来函要与我方厂家合作，A株式会社也与我方厂家一下子签了五年的销售合同，并积极向中方提供国际市场的供求信息。中方企业在这一事件中本着互利的原则，妥善进行了处理，取得了双赢的效果。

资料来源：http://www.sxjdxy.org/jpkc/tx/shownews.asp? id=232。

3.2.3 把人和事分开的原则

谈判是由特定的人员参与，并由谈判所有参与者共同推动的。参加谈判的每个人都有自己的个性特征以及对客观事物的主观看法。因此，任何一项谈判都会在一定程度上融入谈判者个人的某些因素。当谈判者仅从个人的角度来看待谈判问题时，就会把个人的感觉和现实混在一起，使双方产生误解、偏见甚至相互对抗，为谈判成功设置障碍。因此，谈判者应该认识到，把人和事分开是谈判者必须遵循的一项重要原则。它有利于问题的解决，避免产生不必要的冲突。

案例

莫让性格冲突破坏了合作

上海人王先生是做花椒生意发家的，他经常从四川采购花椒销往东南沿海地区。四川虽盛产花椒，但都是小农式的分散种植，所以收购时，在价格和质量方面都很难做到统一标准。然而王先生从来就不为这样的事情担心，因为他有一个好朋友——江油人。

在王先生第一次去四川做生意时就遇到了他。那时他只是个小椒农，王先生发现他的花椒质量比较好，想收购他的花椒。在他的家中洽谈价格的时候，他一口接一口的旱烟以及满口不雅的粗话，令长期生活在上海滩、温文尔雅的王先生头大如斗。尽管如此，王先生还是收购了他的花椒。后来王先生又多次收购了他的花椒，发现他的花椒不但质量非常好，而且价格合理。

在多次交易过程中，王先生发现这人虽粗，但他对种植花椒确实有一手，而且为人仗义、心直口快，值得信赖，所以王先生大胆地请他在当地代为收购花椒。他们建立了稳定的合作关系，王先生根本不必去四川，就能得到质优价廉的花椒。

3.2.4 重利益不重立场的原则

谈判者所持的立场与所追求的利益是密切相关的。立场反映了谈判者追求利益的态度和要求，而利益则是其采取这种立场的原因。

通常一种利益往往可以由不止一个的立场来支持和维护，例如，某一次谈判中卖方追求的是取得尽可能大的收益，则其立场可以是在价格上不作或少作让步，也可以是在一个较低的价格水平上扩大销售量。

因此，在谈判中遵循重利益不重立场的原则，把注意力集中于相互的利益而不是立场，对谈判双方避免和解决冲突是十分有益的。

案例

美国纽约印刷工会领导人伯特伦·波厄斯以“经济谈判毫不让步”而闻名全国。他在一次与报业主进行的谈判中，不顾客观情况，坚持强硬立场，甚至两次号召报业工人罢工，迫使报业主满足了他提出的全部要求。报社被迫同意为印刷工人大幅度增加工资，并且承诺不采用排版自动化等先进技术，防止工人失业。结果是以伯特伦·波厄斯为首的工会一方大获全胜，但是却使报业主陷入困境。首先是三家大报被迫合并，接下来便是倒闭，最后全市只剩下一家晚报和两家晨报，数千名报业工人失业。

资料来源：http://ks.cn.yahoo.com/question/1308111502413.html。

3.2.5 合法原则

合法原则是指在谈判和合同签订过程中，谈判双方均要遵守国家的法律、法规和政策。与法律、法规和政策有抵触的商务谈判，即使是出于双方自愿而达成协议，也只能说是一场失败的谈判。

比如，广告公司在与厂商进行承揽广告业务的谈判时，首先要考察对方要发布的广告是否符合有关法律的规定。如果将非法广告发布出去，谈判双方和发布广告的新闻单位都将受到法律的惩处。

案例

河北省某爆竹厂（原告）与哈尔滨市某工业总厂（被告）业务员胡某签订了一份爆竹购销合同。合同规定交货期为同年12月份，收货付款。合同签订后，原告在取得当地工商、公安机关批准的合法手续和证件后，按合同规定条款及时进行爆竹的生产、运输和销售工作，于同年12月15日将合同规定的爆竹按期、按质、按量地送到被告单位。

被告单位却以其业务员胡某超越代理权限签订爆竹合同为由，拒绝收货付款，并报当地公安机关。公安机关以原告违反哈尔滨市烟花爆竹管理规定为由，将爆竹扣押。原告遂以被告未履行合同为由将其诉讼至法院。法院以被告方业务员胡某越权代理及原告违反国家有关爆炸物品的管理规定为由，判原告败诉，公安机关扣押爆竹是正确的。

资料来源：http://218.64.216.247/ec2006/C302/tuixiao/alfx3.htm。

3.2.6 诚信原则

诚信原则是指在谈判中双方都要做到诚实、守信。所谓诚实，就是说任何谈判都要实事求是；所谓守信，即“言必信，行必果”。

商业经营中诚信非常重要。中国自古就有“货真价实，童叟无欺”的八字箴言，英文中也有一个八字经典：NO TRICKS。在商务谈判中，诚实守信既是对谈判者提出的基本要求，又是谈判者谋求成功的有效手段。

知识链接

“NO TRICKS”的含义

从字面来看，“NO TRICKS”与中文“货真价实，童叟无欺”的意义非常相近。不过“NO TRICKS”并不仅仅代表字面的意思，每一个字母还有更深一层的含义，它们分别代表了谈判中的8种力量，即“NO TRICKS”每个字母所分别代表的8个单词：need，options，time，relationships，investment，credibility，knowledge，skills。

（一）“N”代表需求（need）

对于买卖双方来说，谁的需求更强烈一些？如果买方的需要较多，卖方就拥有相对较强的谈判力。卖方越希望卖出产品，买方就拥有越强的谈判力。

（二）“O”代表选择（options）

如果谈判不能达成最后协议，那么双方会有什么选择？如果己方可选择的机会越多，对方认为己方的产品或服务是唯一的或者没有太多选择余地，己方就拥有较多的谈判资本。

（三）“T”代表时间（time）

主要是指谈判中可能出现的有时间限制的紧急事件，如果买方有时间的压力，自然会增强卖方的谈判力。

（四）“R”代表关系（relationships）

如果与顾客之间建立强有力的关系，在同潜在顾客谈判时就会拥有关系力。但是，也许有的顾客觉得卖方只是为了推销，因而不愿建立深入的关系，这样在谈判过程中将会比较吃力。

（五）“I”代表投资（investment）

在谈判过程中，投入了多少时间和精力？为此投入越多，对达成协议承诺越多的一方往往拥有越少的谈判力。

（六）“C”代表可信性（credibility）

潜在顾客对产品的可信性也是谈判力的一种，如推销人员知道一个人曾经使用过某种产品，而他的产品具有价格和质量等方面的优势时，无疑会增强卖方的可信性，但这一点并不能决定最后是否能成交。

（七）“K”代表知识（knowledge）

知识就是力量。如果己方充分了解顾客的问题和需求，并预测到自己的产品能如何满足顾客的需求，知识无疑增强了己方对顾客的谈判力。反之，如果顾客对产品拥有更多的知识和经验，顾客就有较强的谈判力。

（八）“S”代表技能（skills）

这可能是增强谈判力最重要的内容了，不过，谈判技巧是综合的学问，需要广博的知识、雄辩的口才、灵敏的思维等。

总之，在商业谈判中，应该善于利用“NO TRICKS”中的每种能力，当然还要做到“NO TRICKS”——“不欺骗”。

资料来源：http://info.72eC.com/article/2006-1218-10878.html。

案例

周总理在1971年接见基辛格博士时，明确表示不同意基辛格带来的公报草案。周总理说：“中美双方存在巨大的分歧，如果我们用外交语言掩盖了这些分歧，在公报上伪装成观点一致，那么以后如何解决问题呢？”基辛格坚持自己的立场。

当谈判陷入僵局时，周总理又对基辛格说：“博士，您想想，公开地阐明分歧，难道不会使双方的盟国和朋友放心吗？这说明他们的利益得到了保护，还会使各方面的人确信公报是真诚的。”基辛格听后豁然开朗，谈判继续进行。

问题：周总理为什么要基辛格把双方的分歧写到公报中？

分析：以诚信为本是谈判的前提，只有双方以坦诚、诚信的态度进行谈判才能加速谈判的进行，将真实的结果达成在双方的协议中才能保证谈判协议的有效履行，否则只能是一纸空文。

资料来源：http://home.51.com/?u=hmbw。

知识链接

不同的价值取向，不同的谈判方法

谈判人员对谈判一般有三种价值取向，即关系型取向、立场型取向和价值型取向。按照谈判的价值取向，谈判的方法也可以分为关系型谈判法、立场型谈判法和价值型谈判法。

关系型谈判法指谈判者准备随时为达成协议而做出让步，回避一切可能发生的冲突，追求双方满意的结果。持这种态度参与谈判的人，更看重的是双方友好关系的建立与维持，而比较看轻利益获取的多少。在谈判双方关系较好并有长期而稳定业务关系的情况下，采取关系型谈判可能会取得较为满意的谈判结果，同时也会节省谈判成本，提高谈判效率。可是，如果遇到的是注重追逐利益的对手，采用关系型谈判态度的就会吃亏上当。因此，这种谈判方法在实际商务谈判中应谨慎采用。

立场型谈判法认为谈判是一场意志力的竞赛和搏斗，在谈判中态度越强硬，最后的收获也就越多。在立场型谈判中，当事方往往在开始谈判时提出一个极端的立场，并且顽固地坚持自己的立场，否认对方的立场，忽视双方的谈判目的和双方在谈判中真正的需要，因而极易使谈判陷入误区和僵局。此外，谈判双方如果同时采取强硬的谈判态度，必然会导致双方关系紧张，增加谈判的时间和成本，降低谈判效率。即使某一方最终做出让步达成交易，但其内心一定充满不快，这对以后交易的进行以及双方关系都有很大的影响，甚至会产生极大的危害。因为谈判者只注意维护自己的利益而否定对方的利益，显然是忽视了谈判的双赢本质。从谈判的价值评判标准来看，采用立场型谈判法很难获得真正的成功。

价值型谈判法又称原则式谈判法，最早由美国哈佛大学谈判研究中心提出，故又称哈佛谈判术。谈判者在谈判中坚持谈判原则，注重谈判的实质，注意与对方保持良好人际关系的同时，尊重对方的基本需要，寻求双方利益上的共同点，积极设想各种使双方都有所获的方案。价值型谈判者认为，在双方对立面的背后，存在着共同性利益和冲突性利益，而且共同性利益大于冲突性利益。如果双方都能认识到共同性利益，冲突性利益也可以很好地解决。价值型谈判法强调通过谈判取得经济上和人际关系上的双重价值，是一种既理性又富有人情色彩的谈判方法，为商务谈判人员所普遍采用。

课堂练习

[单项选择题]

1. 一对一谈判的优点不包括（　　）。

A. 谈判方式灵活，有利于建立和谐气氛

B. 可以有效地发挥集体的智慧与力量

C. 决策迅速

D. 避免了小组谈判人员之间相互配合不利的状况

2. （　　）者认为谈判是一场意志力的竞赛和搏斗，认为在谈判中态度越强硬，最后的收获也就越多。

A. 关系型谈判　　B. 价值型谈判　　C. 漠然型谈判　　D. 立场型谈判

3. 被称为哈佛谈判术的是（　　）。

A. 价值型谈判法　B. 立场型谈判法　C. 关系型谈判法

4. （　　）是指谈判者确定谈判主要问题后，谈判双方逐个讨论谈判涉及的每个问题和条款，讨论一个问题，解决一个问题，依次进行谈判，一直到谈判结束。

A. 横向谈判　　B. 循环谈判　　C. 纵向谈判

5. （　　）的核心是谈判的双方既要考虑自己的利益，也兼顾对方的利益，是平等式的谈判。

A. 让步型谈判法　　B. 立场型谈判法

C. 互惠型谈判法　　D. 原则式谈判法

6. 下列哪一项是商务谈判的基本原则？（　　）

A. 全盘让步　　B. 坚守立场　　C. 平等互利　　D. 唯利是图

7. 根据原则式谈判法，应将谈判对手视作（　　）。

A. 朋友　　B. 敌人

C. 问题的解决者　　D. 根据实际情况来判断是敌是友

8. 对于谈判过程中的立场，原则式谈判法秉持的是（　　）。

A. 不必坚持自己的立场　　B. 坚持自己的立场

C. 重点放在利益而不是立场上　　D. 视立场和利益的重要性作出选择

9. （　　）是指各方都竭力为自己谋求最大的利益，为达到这一目的不惜采用各种手段来牺牲对方利益，往往最后是以一方被迫让步而告终。

A. 价值型谈判　　B. 合作型谈判　　C. 竞争型谈判　　D. 横向谈判

10. （　　）是指谈判当事人在确定谈判所涉及的主要问题后，开始逐个讨论预先确定的问题，在某一问题出现矛盾和分歧时，就把这一问题暂时放置一边，讨论其他问题，如此周而复始，直到所有内容谈妥为止。

A. 横向谈判　　B. 纵向谈判　　C. 综合谈判　　D. 全面谈判

11. 一般只适用于合作关系非常友好并有长期的业务往来的双方之间的谈判方法是（　　）。

A. 立场型谈判法　　B. 关系型谈判法

C. 原则式谈判法　　D. 价值型谈判法

12. 在商务谈判中，双方地位平等是指双方在（　　）上的平等。

A. 实力　　B. 经济利益　　C. 法律　　D. 级别

课后作业

［简答题］

1. 按谈判人数的规模分，可以把谈判分为哪几类？每一类分别有什么特点？

2. 按谈判进行的地点分，可以把谈判分为哪几类？

3. 按谈判双方所采取的态度分，可以把谈判分为哪几类？

4. 商务谈判应遵循的原则有哪些？

[案例分析]

20世纪70年代末，可口可乐公司和百事可乐公司先后与印度政府谈判，想到该国设厂，扩大它们的饮料生产和销售。谈判初期，印度政府出于对本国饮料工业的保护，拒绝它们进入。双方谈判都陷入僵局。但是上述两家美国饮料公司并未气馁，而是继续寻机谈判，抓住对方。后来印度政府提出：如欲进入印度，必须规定今后生产的产品要有相当的份额出口到其他国家，而且要接受印度政府的监督，使用当地的原料，雇用当地的劳力，按印度的有关规定汇出利润……出现了又一个僵持的局面。要是过去，看了这些苛刻的规定，百事可乐公司很可能一走了之。但是现在它却一改高傲态度，抢在可口可乐公司前面向印度政府提出了三项保证：

(1) 百事可乐公司无论是在印度开设分厂，还是办合资企业，保证就地取材。每年按比例收购11万吨水果和蔬菜（其中8万吨用于饮料生产）、25万吨土豆（用以加工炸土豆片）、5 000吨粮食（用以加工成其他产品）。

(2) 百事可乐公司开设的分厂，将全部雇用当地人或农民。如允许工厂扩大规模，则相应增加劳动力的雇用。

(3) 百事可乐公司在印度兴办的饮料和食品加工厂的50%的产品将出口外销。

这一系列保证有利于印度农副产品的销售，并能增加印度的就业机会，提高印度职工的技术水平和管理能力，促进印度国民经济的发展，从而满足经济相当落后、刚刚实行开放、困难很多的印度的需求和欲望。从表面上看，百事可乐公司让步太多。但是从深层次看，百事可乐公司从此不仅能打入印度这个蕴藏巨大潜力的饮料市场，而且能向印度输入自己的特有技术，能利用印度的廉价劳动力和原料生产产品向印度及其周边国家销售，并在印度人心目中树立起慷慨无私、互利合作的世界性公司的形象，在与可口可乐公司的竞争中赢得一个新的筹码，从而在印度这块饮料市场阵地上成为一个无与伦比的主动竞争者。

资料来源：http://doc.mbalib.com/view/8402290fdbcdd156603e6e5101eb4ffA.html。

问题：百事可乐在与印度政府的谈判中遵循了哪些谈判原则？

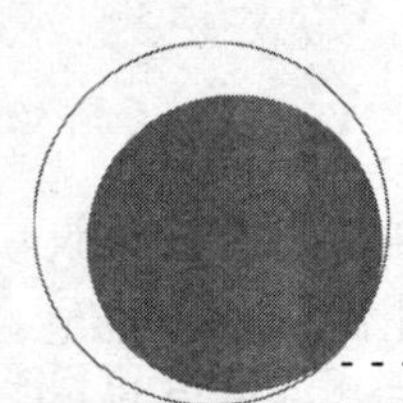

第 4 章

商务谈判的评价标准及成功模式

教学目标

理解并掌握商务谈判的评价标准；了解商务谈判的成功模式。

教学内容

4.1 商务谈判的评价标准
4.2 商务谈判的成功模式

4.1 商务谈判的评价标准

什么样的谈判才能称得上是成功的谈判呢？全美公关协会主席杰勒德·I·尼仁贝格认为，谈判不是一场棋赛，不要求决出胜负；也不是一场战争，要将对方消灭或置于死地。恰恰相反，谈判是一项互利的合作事业。① 谈判中的合作是互利互惠的前提。只有合作才能谈及互利。依此观点，可把衡量一场商务谈判是否成功的评价标准归纳为下述几点。

4.1.1 商务谈判目标的实现程度

商务谈判目标的实现程度是评价谈判成功与否的首要标准。通常谈判人员在参加谈判前就会设定自己的谈判目标，而且在谈判的过程中还要实时检查和预测谈判目标能否实现。

4.1.2 谈判的效率

任何谈判都要付出成本，我们不能不计成本地去参加哪怕是对己方至关重要的谈判。谈判成本一般是己方为谈判而耗费的各种资源，包括人力、物力、财力和时间。谈判一方将谈判成本与谈判收益进行比较后，即可评估出谈判效率的高低。

4.1.3 谈判后的人际关系

商务谈判是组织或个人之间的一种商务往来活动，其过程和结果会影响到双方以后的

① 安贺新：《推销与谈判技巧》，225 页，北京，中国人民大学出版社，2006。

商务关系。因而评价一场谈判是否成功，不仅要看其目标的实现程度、谈判的效率，还要看谈判后双方关系的变化。

案例

美国约翰逊公司的研究开发部经理，从一家有名的A公司购买了一台分析仪器，使用几个月后，一个价值2.95美元的零件坏了，约翰逊公司希望A公司免费调换一只。A公司却不同意，认为零件是因为约翰逊公司使用不当造成的，并特别召集了几名高级工程师来研究，寻找证据。双方为这件事争执了很长一段时间，几位高级工程师费了九牛二虎之力终于证明了责任在约翰逊公司一方，取得了谈判的胜利。但此后整整20年时间，约翰逊公司再未从A公司买过一只零件，并且告诫公司的职员，今后无论采购什么物品，宁愿多花一点钱，多跑一些路，也不与A公司发生业务交往。

问题：请你来评价一下，A公司的这一次谈判究竟是胜利还是失败了？我们应该如何来评价一场谈判的成败？

资料来源：http://www.sxjdxy.org/jpkc/tx/shownews.asp?id=232。

双方参与谈判的目标都在于追求谈判的成功，所以明确了衡量商务谈判是否成功的评价标准后，谈判人员就找到了努力的方向，就可以这个标准去准备、组织、开展谈判活动。

4.2　商务谈判的成功模式

依据商务谈判的评价标准，中外学者通过大量的理论和实践研究，开发出了商务谈判成功模式。

4.2.1　模式的构成

商务谈判的成功模式主要由五部分构成，可以用图4—1来表示。

(1) 制定洽谈计划。制定洽谈计划是商务谈判准备中的核心内容。计划具有前瞻性，能够减少失误的发生，增加谈判成功的概率。

(2) 建立洽谈关系。良好的洽谈关系可以营造高调的谈判气氛，而这种气氛通常有益于谈判获得成功。

(3) 达成洽谈协议。在良好谈判气氛的作用下，双方一方面积极地寻求最佳的问题解决方案，另一方面也基于“重利益不重立场”的谈判原则，做出合理让步，最终达成洽谈协议。

(4) 履行洽谈协议。达成协议不是商务谈判的最终目标，履行协议才能为谈判画上圆满的句号。因此，在协议中，双方应加入保证协议得以有效履行的条款。

(5) 维持良好关系。谈判结束及至协议得以完整履行后，谈判一方还应该重视与对方良好关系的保持。这是因为：第一，双方此次谈判往往并非“一锤子买卖”，良好关系有助于以后的合作；第二，商业声誉和信誉不可小视，维持良好关系有助于提升和传播自己的声誉和信誉。

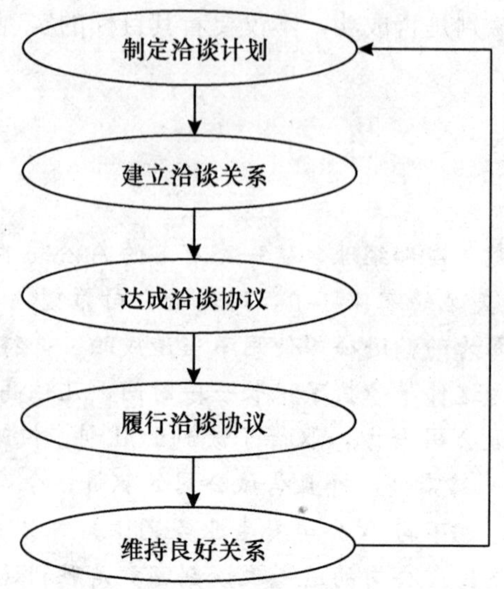

图 4—1 商务谈判成功模式

资料来源：安贺新：《推销与谈判技巧》，227 页，北京，中国人民大学出版社，2006。

商务谈判成功模式的五个步骤之间具有逻辑上的先后次序，前一步骤为后一步骤的基础和前提，后一步骤为前一步骤的延续，环环相扣，共同把谈判推向成功的彼岸。

4.2.2 模式的实施前提

商务谈判成功模式的实施是有前提条件的，那就是谈判人员必须树立正确的谈判意识。正确的谈判意识主要包括：

(1) 谈判是各方之间的一种协商活动，而不是竞技体育项目的角逐。

(2) 谈判双方之间的利益关系是一种互助合作的关系，而不是敌对关系。

(3) 人际关系是双方成功合作的基础和保障，因而要处理好谈判中的人际关系。

(4) 谈判应有战略眼光，应将眼前利益和长远利益结合起来，立足现在，放眼未来。

(5) 谈判的重心应集中在双方各自的需求上。

(6) 应追求双赢的谈判结果。

课堂练习

[单项选择题]

1. 下列哪一项不属于衡量一场商务谈判是否成功的评价标准？(　　)

A. 商务谈判目标的实现程度

B. 对方的需要是否得到了充分的满足

C. 谈判的效率

D. 谈判后的人际关系

2. 商务谈判的成功模式主要由（　　）个部分所组成。

A. 2　　B. 3　　C. 4　　D. 5

课后作业

[简答题]

1. 商务谈判的评价标准是什么?

2. 商务谈判的成功模式主要由哪几部分组成?

[案例分析]

欧洲史密斯公司是B工程公司的代理，到中国与化工工程公司进行出口工程设备的贸易谈判。

中方对史密斯公司的报价提出意见：建议史密斯公司认真考虑报价，因为首先要考虑中国市场目前工程设备竞争很激烈，B工程公司的设备又是第一次进入中国市场，所以B工程公司设备在中国市场需要一个市场接受与适应阶段。史密斯公司代表听完中方的意见后对价格做了一番解释，并极力表明其委托人的价格是如何合理不肯降价。中方化工工程公司对史密斯公司价格的条件又做了详细分析，史密斯公司接着又做了一番解释。如此这般，一上午时间过去了双方谈判毫无结果。

中方化工工程公司认为史密斯公司傲慢固执，史密斯公司认为中方化工工程公司既没有购买诚意又没有理解能力，相互埋怨之后，双方谈判不欢而散。

资料来源：http://wenku.baidu.com/view/317de88b680203d8ce2f2499.html。

问题：

(1) 为什么双方谈了一上午的时间反而会不欢而散?

(2) 谈判可以不是不欢而散吗？若可以，你认为应该如何谈?

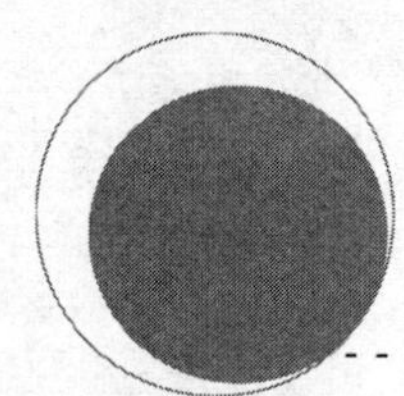

第 5 章 商务谈判准备

教学目标

了解谈判信息的相关知识，掌握收集谈判信息的方法；了解谈判目标的层次，会设立谈判目标；了解谈判小组的构成，掌握搭建谈判小组的方法；了解谈判计划的内容，掌握拟定谈判计划的方法。

教学内容

5.1 收集谈判信息
5.2 设定谈判目标
5.3 成立谈判小组
5.4 拟定谈判计划
本章实训 拟定商务谈判计划

5.1 收集谈判信息

谈判信息是指反映与商务谈判相联系的各种情况及其特征的有关资料。收集谈判信息是了解对方意图、制定谈判计划、确定谈判策略的基本要求。

5.1.1 谈判信息的作用

谈判信息直接或间接地影响着谈判活动，其作用具体表现为：

1. 是制定谈判计划的依据

谈判计划有效与否，在很大程度上决定着谈判的得失成败。在商务谈判中，谁在谈判信息上拥有优势，谁就有可能制定正确的谈判计划，在谈判中掌握谈判的主动权。

2. 是谈判双方磋商的依据

商务谈判是谈判双方相互沟通和磋商的过程。没有谈判信息作为双方磋商的依据，谈判就无法排除许多不确定因素，也就无法进一步协商、调整和平衡双方的利益。

3. 是控制谈判过程的依据

为了使谈判过程始终指向谈判目标，必须对谈判过程进行控制。而要使控制工作卓有成效，必须实时而准确地采集谈判信息。

如果在谈判准备阶段不能获得足够多的信息，就可能导致重大损失。为了防止发生不必要的损失，谈判人员有必要获取尽可能多的信息。

案例

20 世纪 80 年代初，我国某公司在与一外商谈判出口花生仁的生意时，接连收到几家外商的函电，要求订货，我方谈判者感到事出有因，必须查明，但又没有充足的理由中止谈判。这时无意中看到台历上显示的日期，明天是 13 号，一下子有了主意，因为他知道有些国家对 13 这个数字比较忌讳，不少外国人将其视作一种凶兆。我方谈判者在当天休会时，向对方提议：明天是 13 号，遵照贵国的风俗应当休会。这样就赢得了一天的时间，我方利用这一天时间迅速查明了订单突然增多的原因，原来是某个花生主要出口国突然遭受暴雨袭击，减产已成定局。当信息反馈得到确认后，我方谈判者不但坚持价格不再退让，还暗示对方如不尽快订货，价格还有可能上涨而且货源紧张。我方企业在这一谈判中因及时掌握了有关信息，从而取得了谈判的主动。那么，你对谈判信息是怎样认识的？

资料来源：王国梁：《推销与谈判技巧》，145 页，北京，机械工业出版社，2007。

5.1.2 谈判信息的内容

1. 己方信息

在谈判前的准备工作中，不仅要调查分析对方的情况，还应该正确了解和评估己方的状况。古人云："欲胜人者，必先自胜；欲论人者，必先自论；欲知人者，必先自知。"

(1) 需要的认定。认定了己方需要，才能制定出切实可行的谈判目标和谈判策略。谈判人员在认定己方需要时应明确以下问题：

1) 希望借助谈判满足己方哪些需要。只有根据这些需要才能对谈判标的提出各种要求。

2) 各种需要的重要程度。己方的需要往往不止一项，各项需要的重要程度并不一样。要明确哪些需要必须得到满足，哪些需要在一定情况下可以忽略，这样才能在谈判中抓住主要矛盾，维护己方的根本利益。

3) 需要满足的可替代性。需要满足的可替代性包含两方面：一是谈判对象的可选择性。如果不和他谈，是否还有其他的可选择的对象？二是谈判内容的可替代性。例如，如果价格需要不能得到满足，可不可以用供货方式、提供服务等需要的满足来替代呢？眼前需要满足不了，是否可以用长期合作的需要满足来替代？

需要满足的可替代性大，谈判中己方的回旋余地就大；需要满足的可替代性小，谈判中己方讨价还价的余地就比较小。

4) 对满足对方需要能力的鉴定。满足自身的需要是参加谈判的目的，满足他人需要的能力是与对方进行谈判的资本。谈判人员应该认清自己到底能满足对方哪些需要，以及在多大程度上满足这些需要，因为这些决定己方在谈判上所具备的实力。

(2) 产品及生产经营状况。对于卖方来说，要了解自己产品的规格、性能、主要用途、质量、品种、数量、销售情况、市场竞争力、供应能力及经营手段、经营策略等。对于买方来说，要了解欲购产品的相关情况。

（3）己方谈判人员的情况。包括谈判人员的年龄、知识、性格等。除此而外，还要了解己方参加谈判的人员是否具有丰富的谈判经验，在过去的谈判中有哪些成功的做法，容易产生失误的是哪些地方。对于小组谈判，需要了解小组成员内各自的性格特点、特长爱好、工作能力、工作作风、相互配合的默契程度等。

2. 对方信息

了解谈判对手的情况是和对方进行成功合作和有效竞争的前提，因而是信息准备工作的主要内容。一般包括以下几方面：

（1）对方的资信情况。如果缺少对对方资信情况的必要分析，有可能会出现谈判对手主体资格不合格或是不具备履约能力，致使最终签订的协议无效或没有保障，造成不必要的损失的情况。

（2）对方的谈判目的。谈判对手为什么要进行这次谈判？其公开表示的目的与背后隐藏的目的是否一致？有的谈判对手主动寻找己方进行谈判，其目的并非真正要购买企业的产品，而是借谈判之名向第三者施加压力，这样的谈判无疑会使企业徒费精力而没有结果。无论对方是出于哪一种目的来参与谈判，己方都应该事先尽量探测清楚，以便采取相应的对策。

小寓言

猎人："我只是想取你的皮，做一件大衣。"黑熊："这与我的需求没有什么冲突，我们可以谈判，实现双赢。"

谈判开始不久，黑熊拍着凸起的肚子，对里面的猎人说："谈判很成功，我不饿了，你也穿上皮大衣了。"

猎人得到这样的下场是因为他没有了解黑熊的谈判目的。

资料来源：http://m.qzone.qq.com/cgi-bin/new/。

（3）对方的谈判期限。获知对方的谈判期限具有非常重要的意义，因为这样己方就可以制定相应的对策，在时间上更易占据主动。众所周知，时间的宽松与紧迫给谈判者造成的精神上的影响是迥然不同的。一般而言，时间紧迫给谈判者造成的巨大压力会使其议价能力显著降低，甚至会使其主动向对方作出让步。

案例

美国人科肯受雇于一家国际性公司，担任很重要的管理职位，不久后他向上司请求见识一下大场面，希望自己能出国谈判，成为一个真正的谈判者。机会终于来了，上司派他去日本。他高兴得不得了，认为这是命运之神赐给他的好机会。他决心要使这次的日本对手全军覆没，然后再进攻其他的国际对手。

一踏上日本，两位日本朋友即迎了上来，护送他上了一辆大型轿车。他舒服地靠在轿车后座的丝绒椅背上，日本人则僵硬地坐在前座的两张折叠椅上。

"为什么你们不和我坐在一起？后面很宽敞。"

"不，你是一位重要人物。你显然需要休息。对了，你会说日语吗？在日本我们都说日语。"

"我不会，但我希望能学几句。我带了一本日语字典。"

"你是不是定好了回国的时间？我们到时可以安排轿车送你回机场。"

"决定了，你们想得真周到。"

说着他把回程机票交给了日本人，好让轿车司机知道何时去接他。当时他并没在意，可是日本人就知道了他的谈判期限了。

日本人没有立即安排谈判，而是让这位美国朋友花了一星期游览了整个国家，从日本天皇的皇宫到东京的神社都看遍了，为他介绍日本的文化，甚至让他了解日本的宗教。每天晚上花四个半小时，让他半跪在硬板上，接受日本传统的晚餐款待。当他问及何时开始谈判时，日本人总是说，时间还很多，第一次来日本，先好好了解一下日本。

到第十二天，他们开始了谈判，并且提早完成去打高尔夫球。第十三天，又为了欢迎晚会而提前结束。第十四天早上，正式重新开始谈判，就在谈判紧要关头时，时间已不多了，要送他去机场的轿车到了。他们全部上车继续商谈。就在轿车抵达终点的一刹那，他们完成了这笔交易。结果这次谈判科肯被迫向日本人作出了较大的让步，而自己惨败而归。

资料来源：http://wenda.tianya.cn/wenda/thread? tid=3c96c2f4f5beab56&hl=no。

(4) 对方谈判人员的情况。包括对方的谈判小组的人员构成，成员各自的身份、地位、年龄、经历、爱好、性格、谈判经验等，另外还需了解谁是谈判中的组长和主谈，其能力如何、权限有多大、特长及弱点分别有哪些，等等。俗话说"兵来将挡，水来土掩"，只有更多地了解对方谈判人员的情况，己方才能有针对性地组建和调整自己的谈判小组，才能为谈判小组的不辱使命打下坚实的人员基础。

3. 市场信息

(1) 市场分布信息。主要包括：市场的政治经济环境、分布的地理位置、运输条件、市场辐射的范围、市场容量以及各个市场间的经济联系等。

(2) 市场需求信息。主要包括：市场需求量现状、消费者的数量及其构成、消费者可支配收入及购买力、市场潜在需求量及其消费趋势、消费者对该商品及其服务的特殊要求等。

(3) 产品销售信息。主要包括：市场销售量、销售价格、市场寿命周期、家庭占有率、购买频率、季节性因素、消费者评价及要求等。对产品销售方面的调查，可以使谈判人员大体掌握市场需求量和销售量。

案例

掌握历史情报，逼出谈判底牌

我国某厂与美国某公司谈判设备购买生意时，美商报价218万美元，我方不同意，美方降至128万美元，我方仍不同意。美方诈怒，扬言再降10万美元，118万美元不成交就回国。我方谈判代表因为掌握了美商交易的历史情报，所以不为美方的威胁所动，坚持再降。第二天，美商果真回国，我方毫不吃惊。果然，几天后美方代表又回到中国继续谈判。我方代表亮出在国外获取的情报——美方在两年前以98万美元将同样设备卖给一匈牙利客商。情报出示后，美方以物价上涨等理由狡辩了一番后将价格降至合理价位。

资料来源：http://zhidao.baidu.com/question/93664758.html。

（4）竞争对手信息。以谈判中的卖方为例，其谈判对手的信息主要包括：主要竞争对手的数量、目标市场、市场定位、品牌知名度、品牌美誉度、生产能力、市场占有率、产品策略、价格策略、渠道策略、促销策略、销售能力、售后服务水平等。

只有通过调查竞争对手，评估己方实力，谈判人员才有可能保持清醒的头脑，制定出正确、有效的谈判策略。

4. 宏观环境信息

宏观环境是影响谈判的重要因素，会直接或间接地影响谈判的进行，其内容包括政治状况、法律制度、宗教信仰、商业惯例、社会习俗、技术信息等。

（1）政治状况。主要包括：政局的稳定性；政府与买卖双方之间的政治关系；对企业的管理程度；经济的运行机制，等等。

（2）法律制度。谈判人员必须清楚地了解与商务谈判有关的法律制度，以降低商业风险。

案例

汤普逊集团的教训

法国的汤普逊电子产品集团在芝加哥以收购的方式投资建立了一个公司，生产军用电子产品设备。直到收购结束后公司才知道美国有一个《购买美国货法》，该法令规定美国政府只能购买外国生产的军事零部件，禁止美国政府购买外国公司生产的整套军事设备。而该公司计划生产的主要是整套军事设备，并且美国政府是其预定的主要买家。这个法令意味着该公司生产的产品将无人问津，汤普逊集团不得不撤销了该公司并为此遭受了巨大的损失。

资料来源：白远：《国际商务谈判》，北京，中国人民大学出版社，2004。

（3）宗教信仰。主要包括：占主导地位的宗教信仰；宗教信仰对政治、法律和国别政策等方面的影响等。宗教信仰影响着人们的生活方式、价值观念和消费行为，也影响着人们的商业交往。

（4）商业惯例。主要包括：企业决策的程序如何；是否做任何事情都见诸文字；律师的作用如何；有没有商业间谍活动；在商务往来中是否有贿赂现象；商务谈判的常用语言是什么等。世界各国、各地区都有各具特色的商业惯例，作为谈判人员，必须了解并掌握对方国家或地区的商业惯例，这样才能在业务交往中采取有效的方法，保证业务活动的正常开展。

(5) 社会习俗。社会习俗是指不同国家由于其文化背景、宗教信仰等方面的不同而形成的独特、典型的行为方式及行为标准。它们对商务谈判会产生一定的影响，涉及双方意见交流的方式和策略。

(6) 技术信息。主要包括：产品的性能、质量、规格、售后服务等；产品生产单位的工人素质、技术力量和设备状态；产品的配套设备和零部件供给状况；产品的开发前景和开发费用；产品重要指标的鉴定方法；导致产品发生技术问题的因素，等等。

5.1.3 收集谈判信息的要求、途径和方法

1. 收集谈判信息的要求

(1) 信息要真实。谈判信息是谈判人员进行决策的依据，因而信息真实是对信息收集工作提出的最为基本的要求。虚假和歪曲的信息，不仅不能发挥信息对谈判的基本作用，还会导致谈判人员的判断和决策失误。

(2) 信息要有用。有用是指收集到的信息要和谈判有较高的相关度，要能够切实有效地帮助谈判人员做出正确的谈判决策。

(3) 信息要及时。谈判信息具有一定的时效性，其价值往往随着时间的流逝而降低，因此，对谈判信息必须做到及时收集、及时整理、及时传递。

2. 收集谈判信息的途径

(1) 文字媒介。文字媒介指报纸、杂志、内部刊物、专业书籍等。这是收集谈判信息的重要途径。

案例

第二次世界大战期间，一位名叫伯尔托尔德·雅各布的作家出版了一部有关希特勒新军的组织情况的小册子。在这本书中，他描绘了德军的组织结构，参谋部的人员布置，部队指挥官的名字，甚至涉及了最新成立的装甲师的步兵小队，并列举了168名指挥官的名字。这些都属于德军的军事绝密资料。这本书的出版引起了希特勒的极度恐慌。他下令逮捕了雅各布。

在盖世太保的审讯室，德军情报顾问瓦尔特·尼古拉上校对雅各布进行了严刑逼问。而雅各布的回答却大大出乎盖世太保的意料。雅各布告诉盖世太保，这些所谓的"军事机密"均出自公开的新闻媒体。文中所涉及的第17师指挥官哈济将军驻扎纽伦堡，取自纽伦堡报纸的一个讣告，上面报道说新近调驻纽伦堡的第17师团的指挥官哈济将军将要出席葬礼。而在另一份乌尔姆的报纸中，他读到了一则新闻，这则新闻报道了菲罗夫上校的女儿和史太梅尔曼少校举行订婚仪式的消息，该报道提到了菲罗夫是第25师团的第36联队的指挥官，而史太梅尔曼少校的身份是信号军官。审问至此已真相大白。原来，雅各布并不是间谍，他只是留心了新闻媒介的报道，巧妙地取得了间谍才能取得的情报。

资料来源：http://www.xydahe.com/book/book_jiE.asp? b_id=27&aid=1652。

(2) 电子媒介。电子媒介是指广播电台、电视台播放的有关国际新闻、经济新闻、金融动态、市场动态、各类记者招待会乃至各类广告。

(3) 统计资料。统计资料包括各类统计月刊、统计年鉴、企业的统计数据和各类报表等。

(4) 专门机构。专门机构是指能够提供信息的各类组织，包括专业信息咨询公司、工商行政管理部门、各级统计和信息部门、当地行业协会等。

(5) 知情人员。知情人员是指由于和谈判对手有特定的关系，因而能够获得内幕信息的人员。

(6) 会议。能够借以获取信息的会议包括各类商品交易会、展览会、订货会、博览会、商务报告会、讨论会等。

(7) 公共场所。公共场所包括车站、码头、餐馆、街道、商场、集会场所、娱乐场等。

(8) 函电、名片、广告。函电不仅是贸易洽谈的主要形式之一，还可借以获得销售、生产、价格信息等；名片不仅具有扩大业务、结交朋友的功能，也具有获取信息的作用；广告一般都公开商品的产地、厂家、电话等，这些便为获取信息提供了可能。

3. 收集谈判信息的方法

(1) 访谈法。访谈法是通过调查者与调查对象面对面交谈来获取谈判信息的方法。其特点是可以有针对性地抽样选择访谈对象，直接感受到对方的态度、心情等。

(2) 问卷法。问卷法是通过被调查者填写事先编制好的问卷来获取信息的方法。其优点是能够迅速得到所需要的信息，节省时间和人力；难点在于调动被调查者填写问卷的积极性以及保证填写内容的真实性。

(3) 文字媒介法。文字媒介指报纸、杂志、内部刊物、专业书籍等。文字媒介法的特点是可以收集到比较权威、比较准确的信息，但要注意信息是否陈旧、过时。

(4) 电子媒介法。即通过电话、电脑、电视、广播等媒体收集信息。在当今信息时代，电子媒介在信息收集中的作用越来越重要了。通过电子媒介收集信息有许多优点，如速度快、成本低、信息形式多样等。

(5) 实地观察法。实地观察法是指调查者在与谈判相关的现场收集信息的方法。调查者通过对生产状况、设备的技术水平、企业管理状况、工人的劳动技能等各方面的观察、分析，以期得到对方生产、经营、管理等方面的信息。

案例

一次，一批日本客商前往法国参观一家著名的照相器材厂。该厂实验室主任热情而有礼貌地接待了日本客人。在带领客人参观实验室时，他一面耐心地解答客人提出的诸多问题，一面仔细地观察客人的一举一动。因为他深知，有许多人是借参观之机，达到窃取先进技术的目的。

在参观一种新型的显影溶液的时候，实验室主任发现，一位日本客商俯身贴近盛溶液的器皿，认真辨认溶液的颜色时，这位客人的领带末端不小心浸入了溶液之中。这一细节被实验室主任看在眼里，记在心上。他不动声色地叫来一名女服务员，悄悄地吩咐了一番。在参观即将结束时，这位服务员小姐捧着一条崭新的领带来到那位日本客商的面前，彬彬有礼地说："先生请稍等，您的领带弄脏了，给您换上一条崭新的、漂亮的，好吗?"面对主人的一番盛情，日本商人只得尴尬地解下他那条沾有显影剂的领带。原来，日本人此举是为了将溶液黏附在领带上，带回日本进行分析，以获取显影剂的配方。但由于实验室主任的细心观察，一次窃取机密的阴谋在友好的氛围中被粉碎了。

资料来源：http://wenku.baidu.com/view/d445ca26a5e9856a56126079.html。

（6）实验法。实验法是通过实验来获得谈判信息的方法。如通过商品试销、试购，谈判模拟等方法来收集谈判需要的信息。这种方法可以获得一些在现实环境中无法获得的信息。

5.1.4　谈判信息的处理

要想使收集到的信息真正发挥作用，还需要对这些信息进行处理。处理的过程主要包括以下几个步骤：

（1）鉴别。按照收集谈判信息的要求，剔除那些不真实的信息、与谈判相关度低的信息、干扰信息，以免这些信息影响谈判人员的判断和决策。

（2）分类。即将鉴别过的谈判信息按时间顺序、专题、内容等标准进行分类，以便于其更清晰地反映问题，更方便谈判人员的使用。

（3）分析。即将信息做认真的研究分析，以求信息收集人员对问题的认识从表象深入到本质，由感性上升到理性。

（4）得出结论。在分析信息的基础上，还须得出合乎事实和逻辑的结论，以给谈判人员提供更为直接和明确的决策依据。

（5）写出报告。谈判信息收集报告是信息收集工作的最终成果，要求做出完整的检索目录和内容提要，以便检索查询。

5.2　设定谈判目标

谈判目标是指谈判人员设立的能够表明己方对谈判结果的期望的一项或一组指标。

5.2.1　谈判目标的范围

谈判目标的范围是一个闭区间，其上限为最优期望目标，其下限为最低限度目标。

最优期望目标是谈判人员设立的能够表明己方对谈判结果的最高期望的一项或一组指标。它是在己方的有利条件或因素同时发生作用的情况下产生的结果，通常只是一种理想状态，但并非绝对没有发生的可能性。

最低限度目标是谈判人员设立的能够表明己方对谈判结果的最低要求的一项或一组指标。谈判的结果不低于此目标是维系谈判者留在谈判桌前的必要条件，当低于此目标时，谈判者往往宁愿退出谈判或坐视谈判破裂。

5.2.2　如何设定谈判目标

1. 设立目标时应遵循SMART原则

所谓SMART原则，即在设立目标时应做到以下几点：目标必须是具体的（specific）；目标必须是可以衡量的（measurable）；目标必须是可以达到的（attainable）；目标必须和其他目标具有相关性（relevant）；目标必须具有明确的截止期限（time-based）。[①]

① http://baike.baidu.com/view/470808.htm，有删减、改动。

谈判者在设立谈判目标时只有遵循上述原则，目标得以实现的可能性才会比较大。

2. 分清重要目标和次要目标

谈判双方所设立的往往不是单一目标，而是同时追求若干目标的实现。这些目标对于谈判一方的重要性是不一样的，有的是重要目标，对谈判者来说可谓至关重要、志在必得；有的是次要目标，其实现对谈判者来说只是起到锦上添花的作用。因此，谈判者在谈判时有必要把所设立的目标列举出来，并根据其重要程度作出优先级排序。

5.3 成立谈判小组

事在人为，要提高谈判的效率，达到预期的目标，选择合适的谈判人员、成立强有力的谈判小组是至关重要的。可以把谈判小组的成员划分为三个类别：领导人员、专业人员和工作人员。

5.3.1 领导人员

谈判小组中的领导人员包括主谈和谈判组长。

主谈是谈判小组中的主要发言人和己方谈判活动的组织者。其主要职责是带领己方人员与对方进行辩论，以说服对方接受自己的方案，或与对方进行协商，以寻找双方均能接受的方案。

案例

我国某油泵厂欲从一英国公司引进设备，中方人员赴英考察并进行第一轮谈判，确定引进 2 台卷簧机、1 台测试仪器、1 台双端面磨床，当时总价格为 59 万英镑。回国后经专家论证，以 59 万英镑的价格购买上述 4 台设备贵了一些，然而价格已经敲定不宜更改，唯一的补救方式是争取在 59 万英镑的价位上增加设备。第二轮谈判在国内举行，由油泵厂厂长出任主谈。在充分调查了解谈判对手情况的基础上，油泵厂厂长利用各种谈判技巧，据理力争，经过几天的激烈较量，在维持原价格的基础上，又为中方争得价值数万英镑的配套设备、免费的技术资料及 6 年内在英国的产品返销权，等等。

资料来源：安贺新：《推销与谈判技巧》，246 页，北京，中国人民大学出版社，2006。

谈判组长在谈判小组中地位最高，是谈判的负责人。与主谈不同，他不是谈判中的主要发言人，但他有权修正主谈及其他人员的说法，也有权协调其他成员的做法。

案例

中国某公司与伊朗某公司谈判出口陶瓷品的合同。中方谈判小组给伊方代表提供了报价，伊方表示还需要研究，双方约定第二天早上 8:30 到某饭店咖啡厅继续谈判。第二天早上 8:20，中方谈判小组到达伊方指定的饭店，但等到 9:00 仍未见伊方代表出现。这时中方谈判小组中有人建议离开，也有人开始抱怨。但组长认为既然来了，就应该等下去。一直等到 9:30，伊方代表才姗姗来迟，一见中方人员就握手致敬，但未说一句道歉的话。

双方在咖啡厅谈了一个钟头，还是没有结果，伊方要求中方降价。中方组长告诉对方："按照约定时间我们 8:20 到达此地，已经等了一个小时，桌上的咖啡杯可以作证，这说明我们与贵公司合作的诚意，但价格上是没有太多余地了。"对方笑了笑说："我昨天睡得太晚了，对于贵公司提供的谈判条件仍觉得难以接受。"于是中方建议认真考虑后再谈。伊方代表沉思了一下，提出下午 2:30 到他家继续谈。

下午 2:30 中方谈判小组准时到达伊方代表家，并带了几件高档丝绸衣料为礼物，双方在客厅坐下后，伊方代表招来他的三位妻子与客人见面。中方组长让翻译表示问候，并送上事先准备好的礼品，三位妻子非常高兴地接受了。

伊方代表说："我让她们见你们，是把你们当朋友，不过，你们别见怪，我知道在中国是一夫一妻制。但我还有权按穆斯林的规定再娶一个，等我赚到钱再说。"中方人员趁机祝他早日如愿，并借此气氛将新的价格条件告诉他。伊方代表高兴地说："贵方这么快就拿出了新方案。"于是，他也顺口讲出自己的条件。中方一听该条件虽与自己的新方案仍有距离，但已进入成交范围。于是中方组长自然地说："贵方也很讲信用，研究了新方案，但看来双方还有差距。我有个建议，既然来了您家，我们也不好意思只要您让步，我们双方各让一步如何?"伊方看了看中方组长说："可以考虑。但除价格外的其他条件呢?"中方组长回答道："我们可以先清理其他条件然后再谈价格。"于是双方敲定了合同的产品规格、交货期限等条款。伊方说："好吧，我们折中让步吧，将刚才贵方提供的价格与我提供的价格进行折中成交。"中方说："贵方的折中办法是个很好的建议，不过该条件对我方来说还是高了点，我建议将我方刚才提供的价格与贵方同意折中后的价格再进行折中，并以此价成交。"伊方大笑，说："贵方真能讨价还价，看在贵方上午等我一个小时的诚意上，我接受!"

资料来源：冯华亚：《商务谈判》，77～78 页，北京，清华大学出版社，2006。

在谈判实践中，主谈与谈判组长有时为一人（两职合一），有时为两人（两职分离）。[①]

谈判小组领导人员的具体职责有：部署谈判工作；做出谈判决策；协调小组成员；掌控谈判进程；代表己方签约等。

5.3.2　专业人员

专业人员指谈判小组中除主谈和谈判组长外的有着明确专业分工的其他成员。

专业人员的类别、来源及职责可以用表 5—1 来说明。

表 5—1　　专业人员的类别、来源及职责

类别	来源	职责
商品技术人员	产品、工艺、设备工程师、技术员、总工程师、厂长等	负责交易标的的经济技术指标、验收、保证、技术资料、服务、交易进度的谈判与相关文件的撰写
管理人员	行政部门主管或政府代表	负责协调政府间关系、协助办理交易的许可证、外汇及审批手续

① 丁建忠：《商务谈判》，8 页，北京，中国人民大学出版社，2006。

续前表

类别	来源	职责
工程设计人员	工艺及土木工程各专业：水、电、气、暖、土建等设计师	负责生产产品工艺、土建、环境、动力的设计、实施，设备的选型与配置；负责对外设计联络和工程进度的谈判以及相关文件的撰写
法律人员	挂牌律师或企业专职法律人员	负责合同的谈判与撰写，负责审核技术文件中法律方面的问题
商务人员	经贸公司代表或企业经贸工作人员	负责谈判商务条件：价格、支付、交货、保险、保证、保密、税务及履行程序等；负责对外联络
金融人员	银行代表及企业财务人员	负责金融附件谈判：担保或信贷协议谈判；协助谈判支付条件
储运人员	货运公司代表或企业专职储运人员	负责谈判交付货物的方式与条件

说明：上述岗位反映了一般谈判尤其是成套项目交易所涉及的人才专业及其分工要求。当人员不足时，即意味着有的专业人员要兼顾两个及以上专业的工作。

资料来源：丁建忠：《商务谈判》，234～235页，北京，中国人民大学出版社，2006，有改动。

有了明确的分工，才有可能产生有效的协作，出现“1＋1＞2”的聚合效应。因此，专业人员所承担的责任尽管大不过主谈和谈判组长，但作用亦不可或缺。为达到各司其职的要求，他们必须做到既要服从主谈和谈判组长的领导，恪尽职守，扮演好自己的谈判“角色”，同时也要利用各自的专业背景，开动脑筋，发挥其主观能动性。

5.3.3 工作人员

工作人员是指在谈判过程中不参与针对谈判标的的协商活动，而对谈判的进展又不可缺少的人员，一般包括记录人员、打字员、翻译人员等。

记录人员要尽量完整、客观地记录谈判的过程。

打字员要以较快的打字速度完成谈判所需文本的录入与打印。

在国际商务谈判中，如果双方母语不同，各方一般还要配备翻译人员。对于翻译人员，要求其不但在业务上过硬，在翻译时能够做到准确无误，而且要在对谈判的内容、形势有充分了解的基础上随机应变。因为只有这样，其才能够使自己的翻译时时符合谈判的需要，甚至在己方人员出现失误时可以通过自己翻译上的“变通”得到补救。

5.4 拟定谈判计划

5.4.1 拟定谈判计划的程序

拟定谈判计划通常要经过以下几个程序：收集谈判信息、设定谈判目标、预测前提条件、设计和评价备选谈判方案、选定谈判方案、拟定替代方案。前两个程序我们已经介绍过，不再赘述。

正如没有放之四海而皆准的理论一样，一个计划只有在一定的条件下才会有效。前提条件就是作为谈判方案设计前提的对未来谈判活动的状态、形势及所处的环境的预测结果。任何一个计划方案都必须依据一定的前提条件，一个方案的前提条件越是贴近现实，其对谈判活动的指导一般也会越有成效。

备选方案即具有一定可行性的可以用来指导谈判行为的谈判方案，其数量往往不止一个。只有发掘出多种可行方案，才有可能从中选出最优方案或者满意方案。因此，在设计备选方案阶段，一定要广开言路，营造一种宽松的氛围，使参与者“知无不言，言无不尽”，收集到尽可能多的谈判方案或思路。必要时甚至可以采用“头脑风暴法”，以“不拘一格降人才”的方式和心胸来收集意见和建议。评价方案就是根据一定的标准对备选谈判方案评出优劣。在评价备选方案时，要注意以下几点：第一，要明确每个方案实施的制约因素；第二，要客观地预测每个方案的隐患；第三，在评估方案时，既要考察其利益目标的实现程度，也要考察谈判后人际关系等无形因素上的得失。

选定谈判方案即在评价备选方案的基础上，从中选择出借以指导谈判行动的谈判方案。选定谈判方案是拟定谈判计划的关键环节，因其直接关系到谈判的结果。此环节可以应用一些决策工具与方法，以便实现科学决策，降低决策失误的概率。

谈判的未来走势往往不止一个方向，而且谈判过程中也难免会有一些“意外”情况发生，所以就有必要在选定谈判方案以后，拟定其替代方案或曰备用方案。

5.4.2　谈判计划的内容

1. 谈判目的

谈判目的是指谈判一方通过谈判想要得到的结果。谈判目的用来指引己方在谈判中的行动方向，在表述上显得比较宏观和抽象。比如，某次谈判中一方可以把谈判目的表述为“以最低的价格购进格兰仕微波炉”，而不直接限定具体的价格。

2. 谈判目标

谈判计划中应对交易所涉及的主要条件设定合理的谈判目标。谈判目标较谈判目的更为具体，其对谈判目的的实现起支持作用。

3. 双方优劣势分析

优势是指谈判一方所拥有的有利于己方在谈判中获取更多利益的资源和能力，一般包括：有利的竞争态势、充足的财政来源、良好的企业形象、雄厚的技术力量、过硬的产品质量、可观的市场份额、领先的成本优势、强大的广告攻势、充裕的谈判时间、老练的谈判人员、足量的谈判信息等。劣势是指相对于谈判对手，谈判一方在某些资源和能力方面的欠缺。一般而言，谈判任何一方都不会把所有优势囊括手中，往往是既有优势，又存在一些劣势，即使在地位上属强势的一方也是如此，正所谓“尺有所短，寸有所长”。为了做到扬长避短，双方首先要做的是根据各自的客观情况，进行优劣势的分析。

4. 人员及其职责

计划中要明确谈判小组的人员构成，以及人员在谈判过程中应担负的职责。职责越明晰，越能体现出分工与协作的精神，往往也就越有助于谈判目标的实现。

5. 谈判方案

谈判方案是指用来直接指导谈判行动的抉择、程序、策略和方法等的组合。

(1) 谈判地点安排。包括谈判地点的选择和谈判场所的布置两方面的工作。

1) 谈判地点的选择。一般有三种选择，即己方所在地、对方所在地和两者之外的中立地。

在己方所在地谈判，己方所占据的优势是显而易见的，如：心理上有安全感；有利于“里应外合”，增强己方的谈判实力；起居如常，有利于水平的发挥；利用“客随主便”的优势，可以对谈判进程做有利于己方的调整，等等。

在对方所在地谈判时，一般要注意两点：一是尊重对方的风俗习惯。二是采取措施保证沟通顺畅，避免沟通过程中出现“信息失真”。国内谈判中如双方方言差异很大，可约定使用普通话。国际谈判中要配备合格的翻译人员。

在中立地进行谈判，对双方相对比较公平，双方一般均不会因地点而享有优势。但是在中立地谈判，由于不能利用任何一方“地利”条件，因而会给谈判的准备工作带来较大的麻烦。因此中立地谈判的方案不为大多数谈判所采用。

2）谈判场所的布置。如果选定的谈判地点为己方所在地，则己方要责无旁贷地尽“地主之谊”，承担起布置谈判场所的任务。

谈判一般安排有主谈室和备用室。前者是双方谈判的主要场地，后者是谈判一方内部协商所用的场所。

案例

1972年2月美国总统尼克松访华，在欢迎尼克松一行的国宴上，当军乐队熟练地演奏起由周总理亲自选定的《美丽的亚美利加》时，尼克松简直听呆了，他绝没想到在中国北京可以听到他生平最喜爱并且指定在他的就职典礼上演奏的家乡的乐曲。敬酒时，他特地到乐队前表示感谢，此时，国宴达到高潮，融洽而热烈的气氛深深地感染了美国客人，促使此后的谈判都在和谐融洽的氛围下进行。

资料来源：http://www.zhyjw.com/Article/HTML/8089.html。

（2）谈判议程草案。谈判议程是指对谈判进程的预先安排，包括：谈判议题、谈判的原则框架、议题的谈判顺序及用时等。谈判议程草案是谈判一方拟订的有待于得到对方认可或双方协商修改的谈判进程方案。谈判议程草案中除了要对谈判本身的活动做出安排外，也要对间接影响谈判效果的活动如参观、娱乐等做出安排。

（3）谈判策略。谈判策略包括：开局策略、报价策略、磋商策略、进步策略、防守策略、让步策略、打破僵局的策略、谈判终结策略等。在拟订议程草案后，谈判人员有必要根据其中的谈判进程以及对未来谈判状态、形势的预测，制定一定的谈判策略，并告知谈判小组的所有成员，以统一谈判成员的思想与行动。

（4）谈判成本预算。预算是指对未来的一定时期内的收入和支出的计划。谈判成本是指以货币计算的谈判活动全过程的各种消耗，如差旅费、通信费、资料费、谈判人员工资等。在谈判前对谈判成本进行预算对提高谈判的效益、控制谈判的成本无疑是有益的和必要的。

6. 替代方案

替代方案的数量视情况的复杂程度、未来的不确定性而定，可以只有一个，也可以有多个。

7. 谈判计划说明

此部分的作用相当于一些表格中常见的备注栏，用于说明应用本计划时的注意事项、补充未能在上文中体现的内容等。

8. 附件

附件是随同谈判计划正文一同制定的相关文件，主要形式为表格、图片、统计资料等。

示例

格兰仕公司谈判计划①

卖方：中国广东格兰仕（集团）公司

地址：中国广东省顺德市桂中南路28号

电传：0757-28885588

买方：英国家乐福公司

地址：英国家乐福路100号

电传：83214757

商品名称：微波炉（V尚系列）

规格：D7021 YTL—V3

1. 谈判目的

为企业进一步开拓国外市场而开展谈判。

2. 谈判目标

商品价格包括成本和国内费用（运杂费、商检费、报关费、保险、其他费用等）。

最优期望目标：(RMB CIF900)×0.0672=(Stg CIF60.48)

最低限度目标：(RMB CIF760)×0.0672=Stg CIF51.07)

3. 双方优劣势分析

(1) 我方优势：1) 在全球微波炉市场占绝对优势，在整个欧洲市场的占有率约为40%，在法国市场的占有率约为50%。2) 内外销售旺季双双到来，产品供不应求，订单已排到8月份，而V尚系列微波炉更是成了消费者的抢手货，其销售比例占到格兰仕微波炉销售总量的40%以上。

(2) 我方劣势：1) 广东美的集团于近日宣布对高端产品全线降价，部分产品降幅高达30%。2) 生产成本增加。一方面原材料和燃料涨价，其中钢材价格几乎翻倍，煤、电也在涨价；另一方面欧洲要取消普惠制，国家的出口退税率也已经下调。

(3) 英方优势：1) 英国家乐福公司是一家享有一定声望和信誉的跨国集团公司。2) 许多厂家争相为英方提供产品。3) 英国家乐福公司在英国的广告宣传渠道以及力度比

① 本谈判计划示例改编自毛国涛主编的《商务谈判》(北京，北京理工大学出版社，2006) 和王方编著的《商务谈判实训》(大连，东北财经大学出版社，2009) 中的相关内容。

较大，信誉也较好。

(4) 英方劣势：1）对我方情况了解不足。2）客场谈判，存在心理劣势。

4. 人员及其职责

经理：负责对谈判做出决策，进行主要谈判、兼任律师一职。

经理助理：记录本次谈判的内容项、兼任翻译工作。

销售人员：报告市场信息、动态、商品价格。

技术人员：介绍产品特征、功能。

物流人员：报告国际上货物运输情况，与对方谈判装运相关事宜。例如：装运口岸、目的口岸、装运条件等。

5. 谈判方案

(1) 谈判地点安排。

1）谈判地点的选择。在我方办公室里谈判。

2）谈判场所的布置。不设置谈判桌，大家随便坐在一起，营造一个英国人下午三到四点喝下午茶的气氛，因为这是英国人“英国红茶文化”，视为“人权的甜品”，而且在下午茶时间英国人开展社交活动司空见惯，可以自由随意地交流。

(2) 谈判议程草案。包括时间安排、谈判议题及其谈判顺序、用时等内容。

1）时间安排：9月27日在广东格兰仕集团，为期3天。

第1天（参观本企业生产微波炉情况，观看展览品。进行初步谈判。）

9:00 迎接英国商人。

9:00—10:00 参观本企业微波炉生产线情况。

10:00—11:00 观看本企业微波炉，技术人员在旁边介绍。

11:00—12:30 带英国商人吃地道的顺德菜并且进行交流。

15:00—16:00 销售人员向英国商人介绍微波炉市场情况，利用英国人下午三到四点喝下午茶习惯进行初步谈判，会间准备一些点心和茶。

第2天

9:00—11:00 带英国商人参观顺德的文化景点。

14:00—16:00 带英国商人参观顺德发展变化（让他们了解到我国经济发展迅猛，让他们无意中对我们也产生信赖）。

第3天（进行最后的谈判，达成交易。）

9:00—11:00 谈判我们所拟定的议题。

14:00—16:00 达成最后谈判。

18:00—20:00 为表示我们注重礼仪，并达成长期友好合作关系，设晚宴。

21:00 欢送英国商人。

2）确定谈判议题。

A. 产品价格、数量、包装。

B. 支付方式、保险。

C. 装运期限、装运口岸、目的口岸、装运条件。

D. 备注（不可抗力、索赔、仲裁）等事项。

3）议题的谈判顺序及用时。

按照谈判议题顺序逐一展开讨论，对己方有利的问题用较多的时间加以讨论，而对己方有弊的问题，我方会尽量回避或用尽量少的时间进行洽谈。

（3）谈判策略。

1）开局策略。为赢得外商对我们的信赖，在开局阶段我方的主要任务是介绍公司情况。通过介绍，使对方了解我方的实力和面向外国企业销售时所具有的优势。

2）报价策略。广东美的集团于近日宣布对高端产品全线降价，部分产品降幅高达30%，矛头明显指向我们。但对于美的微波炉的降价，我们不仅不会跟着降价，而且还要考虑涨价，因为现在原材料和燃料都在涨价，欧洲要取消普惠制，国家的出口退税率也已经下调，如果价格下调，那么过低的价格将难以保证产品的质量。

3）进攻策略。通过强调格兰仕在国际市场上的销售强势，在对方心理上造成一种不妥协即会错失良机的忧虑。

4）让步策略。在价格上我们可以做出一定的让步，但有个交换条件，即要求对方加强对格兰仕微波炉的宣传力度。这一条件有利于我方进一步开拓国际市场。

5）结局策略。不管谈判的结果如何，我方始终都保持积极的态度，显示我方的诚意，要与对方谈判人员建立融洽的关系。

（4）谈判成本预算。（略）

6. 替代方案（略）

7. 谈判计划说明（略）

8. 附件（略）

5.4.3　谈判计划的模拟

为检验谈判计划的质量，预测实施谈判计划可能产生的效果，有必要按照拟定的谈判计划进行模拟谈判，相当于正式谈判前的“彩排”。操作时可以把己方谈判人员拆分为两个小组——“己方小组”和“对方小组”，分别扮演己方谈判人员和对方谈判人员。“对方小组”的成员需要熟悉对方情况，为成功扮演对方角色打下基础。模拟谈判时，“对方小组”的成员从对方的谈判目的、目标、立场出发，与“己方小组”进行谈判。模拟谈判可帮助己方发现新问题和方案中的破绽，从而对既定谈判计划做出修改、补充与完善，使谈判计划更具实用性和有效性。

模拟谈判完成之后，一般需要结合模拟谈判的效果对谈判计划进行修订。修订的程序为对照、检查、评估、校正。对照即将模拟谈判的效果和结果与谈判目的和目标进行比较，从而发现谈判计划中存在的问题。检查即寻找模拟谈判反映出的问题的原因。原因既可能是一个因素，也可能是多个因素综合发挥作用。评估是指评判谈判计划存在问题的严重性，从而决定谈判计划是否可行，是否还有修订、完善的必要。校正就是根据评估结果对谈判计划进行修改的过程。谈判计划与现实环境、未来趋势的吻合度越高，方案执行的效果也往往越好，所以根据谈判计划的评估结果，有必要对谈判计划进行校正，以使谈判计划对谈判活动具有更强的指导性。

课堂练习

[单项选择题]

1. 收集谈判信息的基本要求中一般不包括（　　）。

A. 全面　　B. 真实　　C. 有用　　D. 及时

2. 设立目标时应遵循SMART原则，其中的字母“A”的意思是（　　）。

A. 具体的　　B. 和其他目标具有相关性

C. 可以达到的　　D. 具有明确的截止期限

3. （　　）是谈判桌上的主要发言人和组织者。

A. 谈判组长　　B. 参谈人员　　C. 主谈

4. 一场交易如果选择了（　　）谈判，说明这场交易是不寻常的，它可能是大宗商品买卖，也可能是成套项目的买卖。

A. 主客场轮流　　B. 主场

C. 客场　　D. 中立地

5. 模拟谈判完成之后，要结合模拟谈判的效果对谈判计划进行修订。修订的程序为（　　）。

A. 对照、检查、校正、评估　　B. 评估、对照、检查、校正

C. 检查、对照、评估、校正　　D. 对照、检查、评估、校正

6. 从总体上讲，商务谈判的信息在谈判中（　　）。

A. 直接决定谈判的成败　　B. 具有间接作用

C. 是控制谈判过程的手段　　D. 无作用

7. 商务谈判必须实现的目标是谈判的（　　）。

A. 最低目标　　B. 可接受的目标

C. 最高目标　　D. 实际需求目标

8. 在商务谈判中，若交易条款存在“难题”，明智之举是（　　）。

A. 按条款顺序依次耐心磋商　　B. 从易到难跳跃

C. 从难到易跳跃　　D. 视具体情况选择跳跃

9. 模拟谈判是在（　　）进行的。

A. 国际商务谈判过程中　　B. 经济谈判磋商阶段

C. 谈判准备阶段　　D. 合同条款谈判阶段

10. 当确定了己方的谈判目标之后，应根据（　　）选择确定谈判对象。

A. 对方联系己方的先后次序　　B. 对方条件与己方目标的吻合程度

C. 对方产品质量的好坏　　D. 对方条件的优惠程度

11. 由于谈判各方利益冲突性大，利益关系微妙等原因，可选择（　　）。

A. 主场谈判　　B. 客场谈判　　C. 中立地谈判　　D. 主客场轮流谈判

12. 有关生产或经营同类产品的其他企业状况的信息属于（　　）。

A. 社会环境信息　　B. 竞争对手信息

C. 产品信息　　D. 本企业信息

13. "失之毫厘，谬以千里"，是指在信息搜集工作中违背了（　　）原则。

A. 实效性原则　　B. 准确性原则

C. 目的性原则　　D. 系统性原则

14. 一般情况下，商务谈判中可以公开的观点是（　　）。

A. 己方的最后谈判期限　　B. 谈判主题

C. 最优期望目标　　D. 实际期望目标

15. 在商务谈判中，安排谈判人员应根据（　　）。

A. 谈判的时间　　B. 谈判的地点

C. 谈判的目标和对象　　D. 对方的社会制度

课后作业

[简答题]

1. 谈判信息在商务谈判中的作用主要表现在哪几个方面？
2. 谈判目标分为哪几个层次？
3. 谈判前要了解的己方信息包括哪些？
4. 谈判前要了解的对方信息包括哪些？
5. 收集谈判信息的方法有哪些？
6. 试区分主谈和谈判组长的职责。
7. 谈判地点有哪几种选择？
8. 如何进行模拟谈判？

[案例分析]

案例一

我国某冶金公司要向美国购买一套先进的组合炉，派一高级工程师与美商谈判，为了不负使命，这位高工做了充分的准备工作，他查找了大量有关冶炼组合炉的资料，花了很大的精力将国际市场上组合炉的行情及美国这家公司的历史和现状、经营情况等了解得一清二楚。

谈判开始，美商一开口要价150万美元。中方工程师列举各国成交价格，使美商目瞪口呆，终于以80万美元达成协议。当谈判购买冶炼自动设备时，美商报价230万美元，经过讨价还价压到130万美元，中方仍然不同意，坚持出价100万美元。美商表示不愿继续谈下去了，把合同往中方工程师面前一扔，说："我们已经作了这么大的让步，贵公司仍不能合作，看来你们没有诚意，这笔生意就算了，明天我们回国了。"中方工程师闻言轻轻一笑，把手一伸，做了一个优雅的请的动作。美商真的走了，冶金公司的其他人有些着急，甚至埋怨工程师不该抠得这么紧。工程师说："放心吧，他们会回来的。同样的设备，去年他们卖给法国只有95万美元，国际市场上这种设备的价格100万美元是正常的。"果然不出所料，一个星期后美商又回来继续谈判了。工程师向美商点明了他们与法国的成交价格，美商又愣住了，没有想到眼前这位中国商人如此精明，于是不敢再报虚价，只得说："现在物价上涨得厉害，比不了去年。"工程师说："每年物价上涨指数没有超过6%。一年时间，你们算算，该涨多少?"美商被问得哑口无言，在事实面前，不得不让步，最终以101万美元达成了这笔交易。

资料来源：http://wenku.baidu.com/view/d48792e9551810a6f5248688.html。

问题：分析中方在谈判中取得成功的原因及美方处于不利地位的原因。

案例二

甲乙双方就某种产品交易价格进行谈判。目前的市场价格为100元，卖方甲在制定谈判价格目标时认为，自己产品的销售价格至少应不低于该市场价格，还可凭借品牌优势，争取加价10%，以110元价格成交。

资料来源：http://zikao.china-B.com/zkfd/zkjy_802509.html。

问题：对于卖方而言，

（1）110元属于哪一种目标价格?

（2）此种谈判目标确定后有什么作用?

（3）此种谈判目标会带来什么风险?

（4）如何实施这一谈判目标?

案例三

我国某厂厂长在美国洛杉矶同美国卡尔曼公司进行推销机床的谈判。双方在价格问题的协商上陷入了僵持的状态，这时我方获得情报：卡尔曼公司原与日商签订的合同不能实现，因为美国对日、韩提高了关税的政策使得日商迟迟不肯发货。而卡尔曼公司又与自己的客户签订了供货合同，对方要货甚急，卡尔曼公司陷入了被动的境地。我方根据这个情报，在接下来的谈判中沉着应对，卡尔曼公司终于沉不住气，购买了150台中国机床。

资料来源：http://zhidao.baidu.com/question/98639115.html。

问题：我方成功销售150台机床的原因是什么?

本章实训　拟定商务谈判计划

一、实训目的

通过本次实训，要求学生通过确定商务谈判目标、谈判原则与策略以及安排谈判议程、明确谈判地点、搭建谈判小组、进行人员分工、准备谈判资料和谈判合同文本、制定应急预案等活动，掌握制定商务谈判计划的基本方法。

二、实训情境

甲方：山东农产品经贸公司；乙方：北京商贸公司。背景：2011年5月，甲方向乙方推销银杏，询盘后得到回音，双方谈判即将开始。

三、实训任务

要求学生分组（5人左右为一组）完成本次实训任务。各小组须依据谈判情境，为山东农产品经贸公司制定一份完整的商务谈判计划。每一小组需要在课堂上展示本小组任务完成的情况，并上交纸质的商务谈判计划文本。

四、实训步骤

1. 谈判计划制定环节

包括：收集谈判信息、设定谈判目标、预测前提条件、设计和评价备选谈判方案、选定谈判方案、拟定替代方案。

2. 计划文本撰写环节

要求撰写一份完整的谈判计划。计划内容包括：谈判目的、谈判目标、双方优劣势分析、人员及其职责、谈判方案、替代方案、谈判计划说明、附件等。

五、成绩评定

每位学生的个人最终成绩来源有两个：教师为每个小组打的分数A及组长为组员打的分数B。计算公式如下：

个人最终成绩＝A×80％＋B×20％

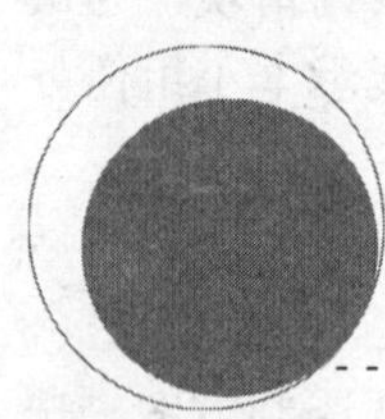

第 6 章
商务谈判开局阶段

教学目标

了解商务谈判开局阶段及其作用；知晓商务谈判开局阶段要完成的事务；掌握商务谈判开局阶段的策略。

教学内容

6.1　商务谈判开局阶段概述
6.2　商务谈判开局阶段的事务
6.3　商务谈判开局阶段的策略
本章实训　商务谈判开局模拟

6.1　商务谈判开局阶段概述

6.1.1　何为商务谈判开局阶段

商务谈判开局阶段是指谈判开始后双方相互介绍、寒暄，并就谈判内容、具体事项进行初步交谈和协商的阶段。开局阶段所占用的时间较短，讨论的内容除去阐明议题与有关程序外，大多与谈判的主题关系不大或根本无关。但是，这个阶段很重要，因为在此阶段中，双方的行为客观地营造了谈判的开局气氛，奠定了谈判的基调，会对谈判的整个过程产生全面的深远的影响。这正应了中国的一句俗话——“良好的开端等于成功的一半。”

6.1.2　商务谈判开局阶段的作用

1. 树立良好的第一印象

在商务谈判开局阶段，如果谈判双方相互在对方心目中留下良好的印象，谈判就会更容易顺利开展和获得成功。那么这种良好的印象是如何形成的呢？我们说，在这种良好的印象形成的过程中，首因效应往往发挥着重要的作用。

人们在第一次交往时留给对方的印象，心理学上称为第一印象。第一印象会在对方的头脑中成型并占据主导地位，该效应被称为第一印象效应，也叫首因效应。第一印象效应的突出体现就是人们根据最初获得的信息所形成的印象不易改变，甚至会左右对后来获得的新信息的解释。

案例

我国某进出口公司与泰国一家公司谈生意，中方公司的王经理在此之前了解到泰国公司参加谈判的总经理徐先生喜欢下象棋。于是在谈判前一天的黄昏，王经理带着一副精工制作的象棋来到徐先生下榻的宾馆，“下一盘棋怎么样?”接到这样的邀请，年过半百的徐先生居然像孩子一样兴高采烈。原来，徐先生出身于象棋世家，他的孩子还酷爱收集各种各样的象棋。一场酣战下来，双方意犹未尽，王经理醉翁之意不在酒，又和徐先生畅谈事业、成就、亲情、家世。徐先生对王经理大为赞赏，当即表示：“能和你这样的人做朋友，这笔生意我少赚点都很值得!”两天后，双方在徐先生下榻的宾馆签订了协议。

资料来源：安贺新：《推销与谈判技巧》，258～259页，北京，中国人民大学出版社，2006。

影响第一印象形成的因素主要有：

(1) 服饰。服饰在塑造谈判者形象方面具有不可替代的作用。除了遮羞、防晒、保暖等功能外，衣服的式样、质地及附属装饰还能传达出丰富的信息，如穿衣者的文化内涵、审美情趣、气质风度和社会地位等。

谈判者在通过服饰塑造形象时需要注意的是：

1) 服饰应与谈判者的身份相一致。谈判时，谈判者要根据自己的身份来选择衣着。比如，总经理在出席谈判时的穿着就不能过于随便，否则不仅谈判效果可能会受到影响，其公司形象也有可能因此而受损。

2) 服饰应与谈判的性质相一致。若是正式谈判，谈判者的衣着就应相应“正式”一些，以表示对谈判的重视和对对方的尊重；若是非正式谈判，则谈判者穿休闲服亦不为过。

3) 注意塑造自己稳定的形象。很多著名的谈判人物通过一贯的服饰风格形成了自己的形象标志。如毛泽东、孙中山的中山装，斯大林的烟斗，陈毅的墨镜、礼帽和手杖，阿拉法特的阿拉伯头巾与军装等。这些名人的服饰已成为他们外在形象的一部分。因职业特点需要经常参加谈判的人员，谈判应保持着装风格一致，因为这样会给人留下稳定的印象，有助于在心理上赢得对方的信赖。

案例

瑞士某财团副总裁率代表团来华考察合资办药厂的环境和商洽有关事宜，国内某国有药厂出面接待安排。第一天洽谈会，瑞方人员全部西装革履，穿着规范出席；而中方人员有穿夹克衫、布鞋的，有穿牛仔裤、运动鞋的，还有的干脆穿着毛衣外套。结果，当天的会谈草草结束后，瑞方连考察的现场都没去，第二天找了个理由就匆匆打道回府了。

资料来源：http://www.cnshu.cn/qygl/156260.html。

(2) 风度。风度是指一个人美好的举止姿态。它是气质、知识、修养的外化。良好的风度一般体现在：精神饱满、待人热情、态度诚恳、谈吐文雅、仪表整洁、举止得体。

案例

握手与气氛

1954年在日内瓦谈判越南问题时，曾经发生过美国前国务卿杜勒斯不准美国代表团成员与周总理率领的中国代表团成员握手的事情。因此，1972年，尼克松在第一次访问中国下飞机时，要警卫人员把守机舱门，不让其他人下来，以便突出他一下飞机就主动地伸出手来和周总理握手的场面。握手的动作持续的时间不过几秒钟，却给这次谈判创造了一个良好的开端。相反，两伊战争后举行的两伊外长谈判，双方就拒绝握手。开始时甚至拒绝面对面的谈判，有关的谈判内容都由联合国秘书长来回转达。这样的谈判气氛，能谈出什么样的结果是可想而知的。

资料来源：http://zhidao.baidu.com/question/69452186.html。

2. 营造适当的谈判气氛

所有的谈判都是在一定的谈判气氛下展开的，适当的谈判气氛有助于提升谈判的效率和效果。

气氛是指在特定环境中给人带来某种强烈感觉的景象或情调。商务谈判的气氛，指的是在商务谈判中对谈判双方感觉和感情产生影响的特定的景象或情调。谈判开局气氛是否符合谈判的要求，对于谈判的顺利进行具有重要的作用，关系到谈判能否按照双方期望的趋势发展下去。在商务谈判的开局阶段，可以营造出三种不同类型的谈判气氛——高调气氛、低调气氛和自然气氛。

（1）高调气氛。高调气氛是指谈判双方为取得双赢结果而营造的友好而愉快的气氛。

营造高调气氛的方法包括：

1）情感攻击法。情感攻击法是指通过某一特殊事件来引发人们内心愉快、友好的积极情感，从而达到营造高调气氛的目的。

案例

中国一家彩电生产企业准备从日本引进一条生产线，于是与日本一家公司进行了接触。双方分别派出了一个谈判小组就此问题进行谈判。谈判那天，当双方谈判代表刚刚就座，中方的首席代表（副总经理）就站了起来，他对大家说："在谈判开始之前，我有一个好消息要与大家分享。我的太太在昨天夜里为我生了一个大胖儿子！"此话一出，中方职员纷纷站起来向他道贺。日方代表于是也纷纷站起来向他道贺。整个谈判会场的气氛顿时高涨起来，谈判进行得非常顺利。中方企业以合理的价格顺利地引进了一条生产线。

这位副总经理为什么要提自己太太生孩子的事呢？原来，这位副总经理在与日本企业的以往接触中发现，日本人很愿意板起面孔谈判，造成一种冰冷的谈判气氛，给对方造成一种心理压力，从而控制整个谈判，趁机抬高价码或提高条件。于是，他便想出了用自己的喜事来改变日本人的冰冷面孔，营造一种有利于己方的高调气氛。

资料来源：http://www.yycgw.com/Article/t/200906/603.html。

2）称赞法。称赞法是指通过称赞对方的方式来调动对方的情绪，从而营造出一种愉悦、友好的高调气氛的方法。

采用称赞法时应该注意以下几点：第一，要选择恰当的称赞事由。一般选择对方引以为豪而又未得到人们过多关注的事由。第二，要选择恰当的称赞时机。时机选择不当，会让称赞法效果大打折扣甚至适得其反。第三，称赞的语气、表情要自然，以免流露出刻意甚至违心的恭维、奉承之意。当然要做到这一点，首先保证自己的称赞必须是发自内心的真心赞美，因为违心和刻意的赞美很容易引发对方的猜疑和反感。

案例

东南亚某个国家的华人企业想要为日本一著名电子公司在当地做代理商。双方几次磋商均未达成协议。在最后的一次谈判中，华人企业的谈判代表发现日方代表喝茶及取放茶杯的姿势十分特别，于是他说道：“从××君（日方的谈判代表）喝茶的姿势来看，您十分精通茶道，能否为我们介绍一下？”这句话正好点中了日方代表的兴趣所在，于是他滔滔不绝地讲述起来。结果，后面的谈判进行得异常顺利，那个华人企业终于拿到了所希望的地区代理权。

资料来源：http://www.yycgw.com/Article/t/200906/603.html。

案例

美国华克公司承包了一项建筑工程，要在一个特定的日子之前，在费城建一座庞大的办公大厦。开始时计划进行得很顺利，不料在接近完工阶段，负责供应内部装饰用的铜器的承包商突然宣布无法如期交货了。糟糕，这样一来，整个工程都要耽搁了。巨额罚金，重大损失，只因为一个人！于是，长途电话不断，双方争论不休。一次次交涉都没有结果。华克公司只好派高先生前往纽约与铜器承包商谈判。

高先生一走进那位承包商的办公室，就微笑着说：“你知道吗？在布洛克林巴，有你这姓氏的人只有你一个。”承包商感到很意外：“这，我并不知道。”“哈！我一下火车就查电话簿想找你的地址，结果巧极了，有你这个姓的只有你一个人。”

“我一向不知道。”承包商兴致勃勃地查阅起电话簿来。“嗯，不错，这是一个很不平常的姓。”他很有些骄傲地说，“我这个家庭从荷兰移居纽约，几乎有 200 年了。”他继续谈论他的家庭及祖先。当他说完之后高先生就称赞他居然拥有一家这么大的工厂，承包商说：“这是我花了一生的心血建立起来的一项事业，我为它感到骄傲，你愿不愿到车间里去参观一下？”高先生欣然前往。

参观时，高先生又一再称赞他的组织制度健全、机器设备新颖，这位承包商高兴极了。他声称这里有一些机器还是他亲自发明的呢！高先生马上又向他请教：那些机器如何操作？工作效率如何？到了中午，承包商坚持要请高先生吃饭，他说："到处需要铜器，但是很少有人对这一行像你这样感兴趣的。"

到此为止，高先生一次也没有提起这次访问的真正目的。

最后吃完午餐，承包商说："现在，我们谈谈正事吧。自然，我知道你这次来的目的，但我没有想到我们的相会竟是如此的愉快。你可以带着我的保证回费城去，我保证你们要的材料如期运到，我这样做会给另一笔生意带来损失，不过我认了。"高先生轻而易举地获得了他所急需的东西。那些器材及时运到，使大厦在契约期限届满的那一天完工了。

资料来源：http://www.lantianyu.net/pdf30/ts082006_5.htm。

3）幽默法。幽默法是指用幽默的方法来营造出一种轻松、友好的高调谈判开局气氛的方法。幽默是人际关系的润滑剂，用得好，可以取得出奇制胜的效果。

但是幽默法并非人人可用、时时可用、事事可用，用得不当，收到的将不是欢笑，可能只是尴尬和苦涩。采用幽默法时要注意：第一，要选择恰当的时机。气氛低沉时用之，也许可以拨云见日；剑拔弩张时用之，也许只会让对方感到受了戏谑，因而可能会升级为"刀光剑影"。第二，要采取适当的方式。幽默不是作怪搞笑，不是粗俗下流，要注意幽默的真正内涵是"有趣或可笑而意味深长的"。第三，要适度。幽默的言语、故事如果力度不足，不仅不会引发笑声或笑容，还会让人感觉有些累，礼节性的笑更会让笑者疲惫；如果发笑力度过于充足，又可能会破坏谈判所要求的相对严肃认真的气氛。

案例

丘吉尔有一个习惯，一天之中无论什么时候，只要一停止工作就爬进热气腾腾的浴缸中去洗澡，然后裸着身体在浴室里来回踱步，以事休息。

第二次世界大战期间，一次，丘吉尔来到白宫，要求美国给予军事援助。

当他正在白宫的浴室里光着身子踱步时，有人敲浴室的门。

"进来吧，进来吧。"他大声喊道。

门一打开，出现在门口的是罗斯福。他看到丘吉尔一丝不挂，便转身想退出去。

"进来吧，总统先生，"丘吉尔伸出双臂，大声呼喊，"大不列颠的首相是没有什么东西需要对美国的总统隐瞒的。"

两人一阵大笑。

英国从美国得到了全面的军事援助。

资料来源：http://zhidao.baidu.com/question/166226896.html。

（2）低调气氛。低调气氛是指严肃、低沉甚至压抑的谈判气氛。适合低调气氛的情况是：如果己方表现得强硬、严肃，对方会因心理压力而做出让步。

营造低调气氛通常有以下几种方法：

1）情感攻击法。这里的情感攻击法与营造高调气氛的情感攻击法性质相同，即都是以情感诱发作为营造气氛的手段，但两者的作用方向相反。在营造低调气氛时，是要诱发对方产生消极情感，致使一种低沉、严肃的气氛笼罩在谈判开始阶段。

案例

《三国演义》中，孙权陈兵设鼎会邓芝就是营造低调气氛的典型。当时魏主曹丕想要发起五路兵马进攻蜀国，派出使节要孙权作为第三路兵马接应。孙权正举棋不定之时，蜀国的邓芝出使东吴，劝说东吴退兵。一听邓芝来访，东吴大臣张昭就告诉孙权“这是诸葛亮的退兵之计，他是来做说客的”，并且建议“先于殿前立一大鼎，贮油数百斤，下用炭烧。待其油沸，可选身长面大武士一千人，各执刀在手，从宫门前直摆至殿上，却唤邓芝入见。休等此人开言下说词，责以郦食其说齐故事，效此例以烹之，看其人如何对答”。孙权果然采纳了张昭的建议，于是在邓芝到来之时，从宫门口直到殿上排满了两行各执钢刀大矛的武士，在殿前又放置了一只热油沸腾的大鼎。当然，邓芝大智大勇，没有为这种令人情感紧张的谈判氛围所吓倒，反而说动了孙权派大臣随同其入川，与孔明共议吴蜀联合之事。倘若邓芝是一般怯懦寻常之辈，在这种氛围之下，恐怕结局就会是另外一番模样了。

资料来源：http://blog.sina.com.cn/s/blog_610c29210100ehhg.html。

2）沉默法。雄辩是银，沉默是金。沉默法是以沉默的方式来使谈判气氛降温，从而达到向对方施加心理压力的目的。当然这里所说的沉默并不一定是徐庶进曹营——一言不发，而是指对谈判的实质问题不发表任何评论，或对对方的问题和表述不作积极的回应。

案例

美国一家公司向一家日本公司推销一套先进的机器生产线，双方都派出了技术力量很强的谈判小组进行谈判。美方开局时的热情非常高，摆出一副志在必得的架势。谈判一开始，美方代表就喋喋不休地大谈特谈他们的生产线如何先进，价格如何合理，售后服务如何周到。在美方代表高谈阔论的时候，日本代表表现得十分低调，一声不吭，只是埋头记录，将美方所谈的每一个问题都详细记下。

当美方代表兴致勃勃地讲完以后，问日方代表还有什么问题时，日方代表却摆出一脸茫然的样子装作没有听懂。如此反复了三四遍，美方一开始时的热情减退了很多，场面已不像刚开始那般热火朝天了，整个气氛随即转入了一种相对低沉的状态。日方代表看到时机已经成熟，便开始“冷冰冰”地向对手提出了一连串问题，问题的尖锐程度是美方代表始料未及的。在这种情形下，美方代表阵脚大乱。最终日方将价格压到了美方可以承受的极限，轻松获得了成功。

其实日方从一开始就已经明白了美方所谈及的每一个问题，但是他们注意到当时的开局气氛完全被美方代表控制，如果当时就提出问题，那么美方代表很可能会趁势对这些问题进行回击。于是，日方代表避开美方代表的锋芒，选择了适时适度的沉默，逐渐控制了谈判气氛，使谈判向有利于己方的方向发展。事后，美方首席谈判代表感叹道：“这是日本偷袭珍珠港事件在谈判桌上的重演。”

资料来源：安贺新：《推销与谈判技巧》，264～265页，北京，中国人民大学出版社，2006。

3）疲劳法。疲劳法是指通过各种手段，从生理和心理上使对手疲劳，降低对手的热情，从而达到控制对手并迫使其让步的目的。

一般来讲，人在疲劳的状态下，思维的敏捷程度会下降，容易在工作中出错；工作热情会降低，比较容易屈从于别人的观点。

案例

良好的环境使人流连忘返，而恶劣性的环境让人疲劳和厌倦。美国前总统卡特在组织埃及和以色列和平谈判时，正是采取了这种疲劳战术。

卡特选择了戴维营作为谈判地点。戴维营并不适宜度假，哪怕一次一般市民的度假。那里最刺激的活动就是捡捡松果，闻闻松香。卡特为促成这次中东和谈，着力使环境变得单调、乏味，他安排的唯一的娱乐工具是两辆自行车。每天晚上，住在那里的埃及总统萨达特和以色列总理贝京可以在总共三部电影中任选一部观赏，以此作为调剂。到了第六天，每个人都把每部电影看了两遍，并且感到十分厌烦。每天早上 8 点钟，卡特都会去敲萨达特和贝京的房门，并用极其单调的声音说："嗨，我是吉米·卡特。准备再过内容同样无聊、令人厌倦的 10 小时吧！"过了 13 天这样的生活，只要签字不至于影响自己的前途，谁都想立即签字以离开这鬼地方。中东和谈以以色列归还西奈半岛（西奈半岛为非军事区）圆满结束。

资料来源：http://qkzz.net/magazine/1007-3876/2004/08/62039.htm。

4）指责法。指责法是指对对手的错误或失误加以指责甚至穷追不舍，使其感到内疚、惶恐，从而营造一种压抑的低调气氛，以达到迫使谈判对手让步的目的。

（3）自然气氛。自然气氛是一种既不热烈也不低沉的谈判开局气氛，在此气氛中，谈判双方人员的情绪都很平静，态度也是自然而从容的。当己方对谈判对手的情况了解较少，对手的谈判态度也不是很明朗时，可以考虑营造自然气氛。

在开局阶段营造自然气氛时，谈判人员要注意自己的行为、礼仪，避免一些唐突的举动；在与对方初步交流时要多听、多记，避免与其就某一问题过早发生争执。对对方的提问尽量做正面回答，不能正面回答的要用委婉的方式回避。

3. 形成有利的谈判开局地位

谈判开局地位是指谈判一方在开局阶段所占据的对己方有利或不利的谈判位置。开局地位的不同，对谈判进程会产生很微妙的影响，而且往往会影响到谈判策略的使用。一般来说，商务谈判的开局地位有以下几种：

（1）主方地位和客方地位。谈判的主方一般是谈判的组织者，在确定谈判时间、地点、议程等问题上要拿出主导意见，同时还要为客方提供交通、住宿等服务。辛苦的付出也会带来回报——作为谈判的主方，可以选择更有利于自己的谈判时间和地点，同时可以通过一些特殊的安排对客方施加压力。所以，在谈判开始前，应争取成为谈判的主方，以获得"主场之利"。

客随主便，客方一般不会拒绝主方提供的服务和做出的安排。尽管如此，当主方的安排明显于己不利时，客方也不能"逆来顺受"、"坐以待毙"。那么在这种情况下，客方应该如何应对呢？一方面，客方应该做好充分的谈判准备工作，事先预测问题，并针对问题想出对策，此之谓“防患于未然”；另一方面，不能完全听从主方的安排，对于有些显失公平的安排，可以要求重新安排。

案例

日本的钢铁和煤炭资源短缺，而澳大利亚盛产铁和煤。日本渴望购买到澳大利亚的煤和铁，而在国际市场上，澳大利亚一方却不愁找不到买主。按理来说，日本人的谈判地位低于澳大利亚，处于不利位置，而澳大利亚一方在谈判桌上占据主动地位。可是，日本商人另辟蹊径，想方设法把对方的谈判代表从千里迢迢的南半球邀请到日本去谈生意。而当澳大利亚人到了日本，双方在谈判桌上的地位就发生了显著的变化。澳大利亚人过惯了富裕的悠闲生活，他们的谈判代表到了日本不过几天，就急于想回到故乡别墅的游泳池、高尔夫球场和妻儿身旁。所以，他们在谈判桌上常常表现出急躁的情绪。但作为东道主的日本谈判代表，则可以不慌不忙地讨价还价，软硬兼施，从而掌握了谈判桌上的主动权。结果，日本方面仅仅花费了少量招待应酬费用作“诱饵”，就钓到了“大鱼”。

资料来源：石宝明，石宝山：《商务谈判》，36～37页，大连，大连理工大学出版社，2007。

（2）“明”处地位和“暗”处地位。谈判双方掌握的对方信息在数量上一般会存在多寡差异，这样就导致一方处于相对的“明”处，而另一方处于相对的“暗”处。如果对方掌握己方的信息较多，而己方掌握对方的信息较少，则己方处在“明处”；反之，则可以说是处在“暗处”。商务谈判在某种意义上可以说是一场信息战，掌握对方信息多的一方，往往在谈判中处于主动地位。

（3）强势地位和弱势地位。因谈判双方的实力差异，谈判过程中通常有一方对谈判进程更多地控制，有能力使谈判朝着有利于己方的方向发展，则我们称这一方在谈判中拥有强势地位，而另一方相应地处于弱势地位。

在谈判过程中，双方的强弱地位也可能会发生变化。作为开局强势一方来说，应该保持清醒的头脑，戒骄戒躁，把强势地位一直保持到谈判结束；作为开局弱势的一方，应避开实力上的不足，抓住谈判中有利于己方的关键因素做文章，争取扭转弱势的不利地位。

6.2 商务谈判开局阶段的事务

6.2.1 开局的导入

开局的导入是从双方会见的开始到寒暄结束。导入的时间很短，但作用不可小视。开局的导入形式多样，但总体需要把握以下几个重点环节：

（1）入场。在入场时要做到彬彬有礼，表情自然，态度诚恳而坦率。

（2）握手。应该注意握手力度的大小、时间的长短，表现出自己的友好与热情。

（3）介绍。介绍言简意赅，把握重点。可以自我介绍，也可由双方的主谈向对方介绍。

（4）问候。问候的语气要柔和，态度要亲切，内容要得体。

（5）落座。落座的要求见第 11 章的相关内容。

6.2.2 商讨谈判议程

谈判议程是指对有关谈判事项的程序安排，这些谈判事项包括：谈判的主要议题、谈判的原则框架、议题的先后顺序、议题的谈判用时等。

确定谈判议程的步骤：

（1）确定谈判议题。确定议题就是根据谈判目标将与之相关的问题罗列出来，尽量不要遗漏，以免在以后的进程中留下不必要的遗憾。在确定议题时，应尽可能将己方议题列入议程。对方也会提出相应的谈判议题，如果双方议题吻合，基本上就可以将议题确定下来，如果差距较大，则需要对哪些议题可列入议程进行讨论。

（2）确定谈判的原则框架。谈判议题确定以后，还应确定谈判中双方解决问题的原则框架。所谓原则框架，就是在整个谈判过程中遵守的解决问题的准则和框架性方案，它可以为以后问题的解决提供大方向和制约条件。

案例

1973 年中东战争之后，基辛格在中东穿梭调停以埃冲突。基辛格认为，既然以色列占领阿拉伯的领土为的是要建立一个安全的缓冲区，以确保自己的安全，而埃及攻打以色列为的是夺回被以色列所占领的领土，那么为什么双方不来个交换？即以色列归还它所占领的阿拉伯领土用以交换阿拉伯人某种程度上的安全保证，只要双方能就这个大的框架达成协议，至于具体怎么归还、归还哪一块土地、安全怎么保障，都属于细节议题，可以坐下来慢慢地谈。正是在这个框架的指导下，以埃双方经过艰苦努力，终于达成了著名的戴维营协议。

（3）确定议题的先后顺序。原则框架确定以后，双方就应着手讨论各个细节议题的先后顺序。一般情况下，议题顺序的商定有三个基本原则，即逻辑原则、相关捆绑原则和先易后难原则。

所谓逻辑原则，是指如果议题间存在逻辑关系，排序应该按照逻辑关系的先后进行。

如果部分议题间存在非常强的相关性或类似性，就可以将这几个相关的议题放在一起谈，这就是相关捆绑原则。

先易后难原则是在议题间不存在上述关系的情况下，先从容易的议题开始谈，待双方进入状态以后再讨论比较难的议题。

需要注意的是，确定议题先后顺序的三个原则的优先权是不一样的，当三个原则产生矛盾的时候，第二个原则服从于第一个原则，第三个原则服从于前两个原则。

案例

先易后难原则

有人曾做过这样的实验：首先由实验者挨家挨户进行走访，要求各家主妇支持一项

“安全驾驶委员会”发起的运动，并在一份请求政府以立法形式来鼓励安全驾驶的请愿书上签字。由于这是一个一般人都可以接受的较小的要求，所以，几乎所有被走访的主妇都同意签名。几个星期以后，实验者又来走访这些主妇们，要求她们支持在各自的院子前面树立一块不大美观、上面写着“谨慎驾驶”字样的警告牌，这可是人们普遍不易接受的一个条件。尽管如此，由于这些主妇先前曾经接受过第一个与此有关的要求，还是有55%的家庭主妇接受了这个进一步的要求。而与此形成鲜明对照的是，当实验者将第二个要求拿到以前没有被要求在请愿书上签字的主妇手上要求得到支持的时候，却只有17%的人勉强接受了这一要求。

资料来源：http://www.qidian.com/BookReader/1684530,28917864.aspx。

(4) 确定各议题的用时。每个议题需要多少时间进行谈判是议程商定中的又一项内容。一般情况下，对与主要目标相关的议题应该安排充裕的时间，对与次要目标相关的议题应该尽可能安排较少的时间。

6.2.3 开场陈述

所谓开场陈述，是指在谈判开局阶段双方针对谈判的内容，陈述各自的立场、观点和建议。

开场陈述的方式有书面陈述和口头陈述。

(1) 书面陈述。指用书面的形式向对方表达对当次谈判内容所持有的观点、立场。书面陈述方式向对方传递的信息更为清晰和明确，易表明陈述方对谈判的诚恳、认真的态度；缺点是缺乏灵活性，影响高调气氛的营造。

(2) 口头陈述。即会晤前双方不提交任何书面方案，仅仅在开场陈述时，由双方口头陈述各自的立场、观点和意见。

口头陈述比较灵活，谈判者可以根据对方的表现改变自己的立场和谈判策略。此外，口头陈述可以更好地利用情感因素，有助于与对方建立良好关系。

口头陈述也存在一定的不足，比如，陈述容易偏离问题的重心，不易于陈述复杂问题，容易因情绪、表达等问题而产生误解。

案例

A公司是一家实力雄厚的房地产开发公司，在投资的过程中相中了B公司所拥有的一块极具升值潜力的地皮。而B公司正想通过出让这块地皮获得资金，以将其经营范围扩展至国外。于是，双方精选了久经沙场的谈判干将，对土地转让问题展开谈判。下面分别是双方代表的开场陈述。

A公司代表：“我公司的情况你们可能也有所了解，我公司是××公司和××公司（均为全国著名的大公司）合资创办的，经济实力雄厚，近年来在房地产开发领域业绩显著。我们去年开发的××花园收益很不错，听说你们的周总也是我们的买主啊。你们市的几家公司正在谋求与我们合作，想把其手里的地皮转让给我们，但我们没有轻易表态。你们这块地皮对我们很有吸引力，我们准备把原有的住户拆迁，开发一片居民小区。前几天，我们公司的业务人员对该地区的住户、企业进行了广泛的调查，基本上没有什么阻力。时间就是金钱啊，我们希望以最快的速度就这个问题达成协议，不知你们的想法如何?”

B公司代表：“很高兴与你们有合作的机会。我们之间以前虽没有打过交道，但对你们的情况还是有所了解的。我们遍布全国的办事处也有多家住的是你们的房子，这可能也是一种缘分吧。我们确实有出卖这块地皮的意思，但我们并不急于脱手，因为除了你们公司外，兴华、兴运等一些公司也对这块地皮表示出了浓厚的兴趣，正在积极地与我们接洽。当然了，如果你们的条件比较合理，价钱相对较高，我们还是愿优先与你们合作的，可以帮助你们简化有关手续，使你们的工程能早日开工。”

资料来源：http://www.baidumeimei.cn/a/koucai/tanpankoucai/20100622/4282.html。

6.2.4 召开预备会议

在商务谈判中，有时需要在正式谈判前召开预备会议（也称会前会)，以确定一些谈判议题之外的双方关心的共同问题。因此，开好预备会议有时也是开局阶段的任务之一。

召开预备会议的目的是使谈判双方在谈判目标以及其实现途径上达成一致，为此后各阶段的洽谈奠定基础。预备会议的内容一般是双方就谈判目标、计划、进度和人员等内容进行协商。有许多谈判将开场陈述环节也放在预备会议上进行。

6.2.5 探测与反探测

商务谈判开局阶段的一项重要任务是进一步了解谈判对手，探测对方的真实意图，摸清对方的底牌。我们称这项工作为探测。在这方面双方一般都会竭尽所能，因为谁能够在谈判中更多、更准确地获取对方的“底牌”，掌握对方的真实动向，谁就能在谈判中获得更多的主动权。如果说探测对方为“攻”，那么防止对方的探测就应该为“守”。当然，事实上探测与反探测的工作不仅存在于谈判开局阶段，而且贯穿于整个谈判过程的始终。

1. 探测对方信息

任何一个谈判者都清楚，要想取得谈判的胜利，仅靠谈判前所收集的谈判信息是远远不够的，在谈判过程中，如果对变化中的谈判信息不能及时捕捉、分析，就无法及时采取相应的对策，在继续深入的谈判进程中就会失去主动权。反之，若能在谈判中及时地探测和捕捉新的谈判信息，并作出正确的分析判断，适时调整谈判策略，就能够改变不利境况，将谈判导向成功。

探测信息所采用的方法概括起来主要有两种：

(1) 直接法。这是一种通过与谈判对手直接接触而获取谈判信息的方法。一般是由一方提出些特定的问题，然后通过对方的回答探知对方的信息。所提问题应该是对方乐于接受的，起码也要使对方能够容忍，否则就是不恰当的。

(2) 间接法。间接法是通过旁敲侧击来探测对方信息和意图的方法。通常，如果要探测的信息与谈判的主题紧密相关，宜于直陈，就应直接提问；倘若不宜直接询问，或直接询问会暴露自己的意图，则最好采用间接询问的方法。

案例

1960年4月30日，一架美国U—2飞机进入苏联领空进行侦察活动，被苏联的导弹击中坠毁，驾驶员鲍尔斯也被活捉，美国发现U—2飞机逾期未归，驾驶员也下落不明，便想利用间接方法试探苏联的反应。于是，由中央情报局起草了一份声明，声称有一架U—2气象侦察机的驾驶员在土耳其上空用无线电报告说机上氧气出了麻烦，此后就失踪了。这份经艾森豪威尔总统批准的声明由国家航空与航天局发布，苏联对此马上作出了反应，赫鲁晓夫在苏联最高苏维埃会议上宣布U—2飞机已被击落，并强烈谴责美国的侵略行径。显然，在飞机事件的交锋中，美国处于不利境地，可又无法直接向苏联方面了解情况，无奈之下只好采用间接的方法探测信息。

资料来源：王国梁：《推销与谈判技巧》，171页，北京，机械工业出版社，2007。

2. 谨防对方探测

探测是相互的，在谈判一方探测对方信息的同时，对方往往也在想方设法地对自己实施着探测。因此，在探测对方的同时，切不可忘记防范对方对自己的探测行为。

侯宝林先生说过的一段相声也许能够说明上面这个道理：一个小偷去侯先生家偷东西。当时侯先生家很穷，侯先生其实早就发现小偷进屋了，没言语，想反正家里也没什么可偷的。这时候小偷发现他们家还仅存一斗米，在缸底。小偷就把自己的棉袄脱下来，摊开放在地上，想把米倒上去，然后自己好兜走。棉袄铺到地上之后，小偷去转动缸，侯先生趁这机会就把小偷的棉袄拿起来放在身上了。小偷倒完米后想提棉袄，结果什么也没提到，就站原地摸后脑勺纳闷。这时侯夫人感觉有响动，就推侯先生："宝林，快起来，快起来，有声儿，有贼了。"侯先生："睡觉吧，没贼。"这时候贼搭茬儿了："不能！没贼我棉袄哪儿去了?!"

为防范对方的窥测，需要注意以下几个环节：

(1) 做好自我保密。在谈判中，除由于谈判需要而必须向对方传递的信息外，其他涉及己方的重要信息如谈判最后期限、面临的困境、最低出价等，在谈判中都必须严格保密，更不可毫无保留地和盘托出。因为如果让对方掌握了自己的关键信息，己方在谈判中将处于非常被动的不利地位，甚至会形成"人为刀俎，我为鱼肉"的局面。

案例

基辛格参加美苏战略武器谈判并签署协议之后，他立即在自己下榻的饭店举行记者招待会。

在会上，基辛格透露说："苏联每年大约有生产250枚导弹的能力。"

"我们美国呢?"敏感的美联社记者马上接过话头，"我们的导弹生产能力怎样? 核潜艇又有多少?"

"很抱歉！我不知道美国每年生产导弹的枚数，"基辛格答道，"不过，核潜艇的数目我倒是清楚的，但我不知道是不是属于保密的。"

"不属于保密的!"那记者又立刻说道。

"不保密吗?"基辛格微笑着说，"那好，你能告诉我有多少吗?"

资料来源：《读者》，兰州，读者出版集团，2008 (11)。

(2) 机智应对对方的直接探问。在谈判中，如果对方可能直接提出一些涉及己方商务机密的问题，己方应对的方法有：委婉拒绝、转移话题、偷换概念、假装不知、避实就虚、装聋作哑等。

案例

《三国演义》中有一段关于曹刘二人青梅煮酒论英雄的情节，说的是刘备巧妙地以闻雷心惊来掩饰匙箸落地的窘态，非常机敏地利用了当时的天气变化，把曹操提出的“天下谁是英雄”的敏感话题转到“是否畏雷”的话题上，避开了自己难以正面表述的问题。

在《孟子·梁惠王》上篇中记载有孟子说服齐宣王的一则故事：一次，齐宣王提出要孟子谈谈关于齐桓公与魏文公争霸的事，这对于一贯主张仁义道德的孟子来说，无疑是个难以启齿的话题。对此，孟子先以“仲尼之徒无道桓文之事”为理由，避开了对方所提的问题，转而提出了自己“保民而王”的主张，并以生动有力的言词吸引对方的注意力，达到了最终说服对方的目的。

资料来源：王国梁：《推销与谈判技巧》，172 页，北京，机械工业出版社，2007。

(3) 防止落入场外陷阱。离开了谈判桌，到了谈判场外后，谈判人员的情绪一般都会放松下来。然而，有的谈判者恰恰寄希望于利用对方的松懈，通过一定的手段，于谈判场外探测对方信息。因此，谈判者必须时时保持警惕，处处谨小慎微，以防落入对方的场外“陷阱”。

案例

日本一家企业想购买英国某公司的技术专利，但谈来谈去，英方就是不卖。日本人只好宣布作罢。可是没过多久，在英国这家公司的附近出现了一个新开的小餐馆，物美价廉，服务良好，该公司的许多员工都纷纷前往就餐。过了不久，英国人不肯出让技术的那种产品就在日本问世了，这家餐馆也随之歇业。此时，英国人才意识到这两者之间的联系。原来，英国这家公司的员工在就餐时，同事之间谈论涉及业务的话题都被餐馆的“服务人员”一点一滴地搜集了去，最终成为一份完整的技术资料。英国人在谈判桌上费了好大劲想守住的东西，却在不知不觉中被场外的日本人给弄到了手。

资料来源：王国梁：《推销与谈判技巧》，172～173 页，北京，机械工业出版社，2007。

6.3 商务谈判开局阶段的策略

商务谈判开局阶段的策略指的是采取何种态度和手段来开始谈判。

作为商务谈判开始的第一个阶段，开局阶段的成败对整个商务谈判过程的进展甚至对谈判结果的达成都具有举足轻重的作用。在开局阶段合理运用有效的策略，有利于己方在后面的谈判中掌握更多的主动权，从而更有效地达成己方的谈判目标。

6.3.1 保留式开局策略

保留式开局策略是指在谈判开局时，对谈判对手提出的关键问题不做深入、确切的回答，从而给对方带来神秘感，以吸引对方进一步寻求发展商务关系的策略。

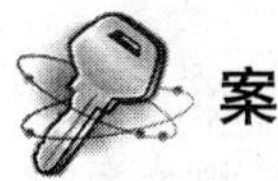

案例

江西省某工艺雕刻厂原是一家濒临倒闭的小厂，经过几年的努力，发展为产值200多万元的规模，产品打入日本市场，战胜了其他国家在日本经营多年的厂家，被誉为“天下第一雕刻”。有一年，日本三家株式会社的老板同一天接踵而至，到该厂订货。其中一家资本雄厚的大商社，要求原价包销该厂的佛坛产品。这应该说是好消息。但该厂想到，这几家原来都是经销韩国、中国台湾地区产品的商社，为什么争先恐后、不约而同到本厂来订货？他们查阅了日本市场的资料，得出的结论是：本厂的木材质量上乘、技艺高超是吸引外商订货的主要原因。于是该厂采用了“待价而沽”、“欲擒故纵”的谈判策略。先不理那家大商社，而是积极抓住两家小商社求货心切的心理，把佛坛的梁、柱，分别与其他国家的产品做比较。在此基础上，该厂将产品当金条一样争价钱、论成色，使其价格达到理想的高度。首先与小商社拍板成交，造成那家大客商产生失落货源的危机感。那家大客商不但更急于订货，而且想垄断货源，于是大批订货，以致订货数量超过该厂现有生产能力的好几倍。

资料来源：http://zhidao.baidu.com/question/51733305.html。

问题：

(1) 工艺雕刻厂用的是什么策略？试简要介绍之。

(2) 此策略为什么会应用成功？

(3) 应用此策略时要注意什么问题？

6.3.2 一致式开局策略

一致式开局策略是指谈判双方在友好、愉快的气氛中不断将谈判引向深入的一种开局策略。一致式开局策略比较适用于谈判双方实力比较接近，或者双方过去没有商务往来的经历。

案例

日本首相田中角荣20世纪70年代为恢复中日邦交正常化到达北京，他怀着等待中日间最高首脑会谈的紧张心情，在迎宾馆休息。迎宾馆内气温舒适，田中角荣的心情也十分舒畅，与随从的陪同人员谈笑风生。他的秘书早饭茂三仔细看了一下房间的温度计，是“17.8℃”。这一田中角荣习惯的“17.8℃”使得他心情舒畅，也为谈判的顺利进行创造了条件。

资料来源：http://wenku.baidu.com/view/c4102111f18583d04964592D.html。

6.3.3 坦诚式开局策略

坦诚式开局策略是指以开诚布公的方式向谈判对手陈述自己的观点或意愿，尽快打开谈判局面。当谈判一方对另一方不够信任、产生猜疑时，后者可以秉持“精诚所至，金石为开”的信念，向对方敞开心扉，以求获得对方的理解和同情。

案例

北京门头沟一位党委书记在同外商谈判时，发现对方对自己的身份持有强烈的戒备心理，这种状态妨碍了谈判的进行。于是，这位党委书记当机立断，站起来向对方说道："我是党委书记，但也懂经济、搞经济，并且拥有决策权。我们摊子小，实力不大，但人实在，愿真诚与贵方合作。咱们谈得成也好、谈不成也好，至少您这个外来的'洋'先生可以交一个我这样的中国的'土'朋友。"

寥寥几句肺腑之言，一下子就打消了对方的疑虑，使谈判顺利地向纵深发展。

资料来源：http://www.yycgw.com/Article/t/200906/603.html。

6.3.4 进攻式开局策略

进攻式开局策略是指通过语言或行为来表明己方的强硬态度，借以制造心理优势或扭转于己不利的颓势。

一般在不得已而为之的情况下才使用进攻式开局策略，因为此策略极易使得谈判气氛变得紧张而压抑，进而引发对方的敌意和反抗。

课堂练习

[单项选择题]

1. 一致式开局策略适用于下列哪种谈判开局气氛？（　　）

A. 高调气氛或低调气氛　　B. 高调气氛或自然气氛

C. 低调气氛或自然气氛　　D. 高调气氛、低调气氛或自然气氛

2. 在谈判开局阶段，主要有两个任务：其一是建立良好的谈判气氛；其二是（　　）。

A. 相互认识谈判人员　　B. 注意察言观色

C. 讨论谈判议程　　D. 提出价格意向

3. 谈判开局阶段最常用的话题是（　　）。

A. 业务话题　　B. 技术话题

C. 中性话题　　D. 交易话题

4. 为谈判过程确定基调是在（　　）。

A. 准备阶段　　B. 开局阶段

C. 正式谈判阶段　　D. 签约阶段

5. 一般而言，谈判的过程不包括（　　）。

A. 准备阶段　　B. 开局阶段

C. 磋商阶段　　D. 终局阶段

6. 在人际交往中，第一印象往往会在对方的头脑中成型并占据主导地位，该效应被称为第一印象效应，也叫（　　）。

A. 首因效应　　B. 晕轮效应

7. 谈判者在通过服饰塑造形象时需要遵循一些原则，这些原则不包括（　　）。

A. 服饰应与谈判者的身份相一致　　B. 服饰应与谈判的性质相一致

C. 服饰应能凸显自己的个性　　D. 服饰要与谈判的环境相一致

8. 谈判开局的低调气氛是指（　　）。

A. 双方的谈判人员都很谦虚，做人很“低调”，不张扬

B. 严肃、低沉甚至压抑的谈判气氛

C. 谈判双方情绪平稳，既不热烈也不消沉的谈判开局气氛

9. 下面哪种方法不能营造高调气氛？（　　）

A. 情感攻击法　　B. 称赞法　　C. 幽默法　　D. 沉默法

10. 在开场陈述应遵循的原则中不包括（　　）。

A. 开场的陈述要双方分别进行，并且在此阶段双方只阐述自己的立场、观点而不必阐述双方的共同利益

B. 双方的注意力应放在自己的利益上，不要试图猜测对方的立场

C. 开场陈述是原则性的而不是具体的。一般来说，开始阶段的谈判任务是向着横向而不是纵向发展，也就是说，只洽谈当次谈判中的原则性问题和陈述己方的基本立场、观点和建议，而不是就某一个具体问题作深入谈判

D. 开场陈述应面面俱到、绝无遗漏

11. （　　）是指在谈判开局时，对谈判对手提出的关键问题不做深入、确切的回答，从而给对方带来神秘感，以吸引对方进一步寻求发展商务关系的策略。

A. 保留式开局策略　　B. 一致式开局策略

C. 坦诚式开局策略　　D. 进攻式开局策略

课后作业

[简答题]

1. 什么是商务谈判开局？其对整个谈判过程有什么作用？
2. 第一印象对谈判的重要性体现在哪里？影响第一印象形成的因素有哪些？
3. 开局气氛对商务谈判的重要性体现在哪儿？简述谈判气氛的类型及其营造方法。
4. 了解谈判议程的相关知识，简述确定谈判议程的方法和步骤。
5. 简述开场陈述的内容、原则和方式。
6. 简述召开预备会议的目的及注意事项。
7. 常见的商务谈判开局策略有哪些？请分别做简要介绍。

[案例分析]

案例一

巴西一家公司到美国去采购成套设备。巴西谈判小组成员因为上街购物耽误了时间，当他们到达谈判地点时，比预定时间晚了 45 分钟。美方代表对此极为不满，花了很长时间来指责巴西代表不遵守时间、没有信用。对此巴西代表感到理亏，只好不停地向美方代

表道歉。谈判开始以后美方代表似乎还对巴西代表来迟一事耿耿于怀，一时间弄得巴西代表手足无措，说话处处被动，无心与美方代表讨价还价，对美方提出的许多要求也没有静下心来认真考虑，匆匆忙忙就签订了合同。

等到合同签订以后，巴西代表平静下来，头脑不再发热时才发现自己吃了大亏，上了美方的当，但已经晚了。

资料来源：http://wenku.baidu.com/view/88a05e1f650e52ea551898e7.html。

问题：

(1) 上述谈判中，美方运用了哪些策略？

(2) 巴西公司谈判人员应如何扭转不利局面？

(3) 如果你作为巴西方代表会怎么谈？

案例二

日本一家著名的汽车公司在美国刚刚“登陆”时，急需找一个美国代理商来为其推销产品，以弥补他们不了解美国市场的缺陷。当日本公司准备同美国的一家公司就此问题进行谈判时，日本公司的谈判代表因路上塞车迟到了。美国公司的代表紧紧抓住这件事不放，想要以此为手段获取更多的优惠条件。日本公司的代表发现无路可退，于是站起来说：“我们十分抱歉耽误了您的时间，但是这绝非我们的本意，我们对美国的交通状况了解不足，所以导致这个不愉快的结果，我希望我们不要再因为这个无所谓的问题耽误宝贵的时间了，如果因为这件事怀疑到我们合作的诚意，那么，我们只好结束这次谈判，我认为，我们所提出的优惠代理条件是不会在美国找不到合作伙伴的。”

日本代表的一席话说得美国代理哑口无言，美国人也不想失去一次赚钱的机会，于是谈判顺利地进行了下去。

资料来源：http://home.51.com/b65432175/diary/item/10049748.html。

问题：

(1) 美国公司的谈判代表在谈判开始时试图营造何种开局气氛？

(2) 日本公司谈判代表采取了哪一种谈判开局策略？

(3) 如果你是美方谈判代表，应该如何改变不利局面？

本章实训　商务谈判开局模拟

一、实训目的

通过本次实训，学生应能够根据谈判的实际情况，运用一定的技巧和方法实施谈判开局策略，营造一种适当的谈判开局气氛，以对谈判结局产生有利的影响。

二、实训情境

A 学院计划新购一批电脑，以用于该学院市场营销模拟教学实训室的建设。经多方询价，A 学院有意从新科技公司采购。在搜集了相关的信息之后，A 学院与新科技公司将进入谈判的开局阶段。

三、实训任务

要求学生分组（5 人左右为一组）扮演情境中谈判的一方，依据谈判计划及其中制定的开局策略，对谈判开局进行模拟。

部分小组可以在课堂上进行模拟，由于时间限制，其他小组可以在课下进行谈判开局的模拟。要求每个小组上交模拟谈判开局的视频文件。

四、实训步骤

第一步，收集整理谈判对手信息，为谈判开局做准备。

第二步，营造恰当的谈判气氛，掌握开局主动。

第三步，实施开局策略。

第四步，商定谈判议程。

第五步，判断对方的需求和诚意。

第六步，把握时机，结束谈判的开局阶段。

五、成绩评定

每位学生的个人最终成绩来源有两个：教师为每个小组打的分数 A 及组长为组员打的分数 B。计算公式如下：

$$个人最终成绩=A\times80\%+B\times20\%$$

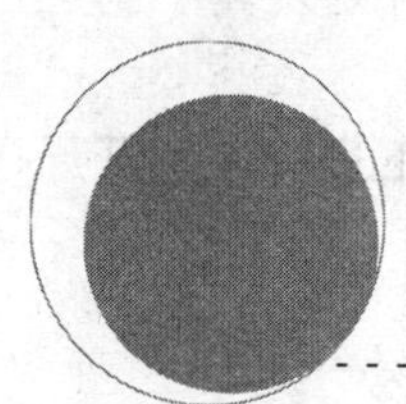

第7章 商务谈判磋商阶段

教学目标

了解商务谈判磋商阶段的概念；熟知商务谈判磋商阶段应该完成的事务；掌握并能够运用商务谈判磋商的一些基本策略。

教学内容

7.1　商务谈判磋商阶段概述

7.2　商务谈判磋商阶段的事务

7.3　商务谈判磋商阶段的策略

本章实训　商务谈判让步模拟

7.1　商务谈判磋商阶段概述

7.1.1　商务谈判磋商阶段的概念

商务谈判磋商阶段是指谈判双方为达成一致而就交易条件进行讨价还价、相互妥协的过程，它在整个谈判过程中占有重要的地位，是商务谈判最关键的环节，直接关系到双方最终能否签约及以后能否合作。在磋商阶段，谈判双方既要按照谈判议程为确定最终的合作方案做出决策，又要为可资谈判的有限资源展开争夺，可谓任务繁重而艰巨。

7.1.2　商务谈判磋商的原则

在磋商阶段，双方谈判人员需要遵循一些原则，因为这些原则是否得到贯彻，将直接影响磋商过程中各种事务完成的质量和效果，进而影响整个磋商阶段的结果。这些原则包括：

（1）客观性原则。要求谈判人员在磋商阶段的言论要符合客观实际，不能捏造事实，更不能信口开河、信口雌黄。

（2）现实性原则。是指谈判人员在磋商阶段提出的条件（包括报价、还价等）要具有实现的可能性。要做到这一点，第一要能够估算出收益和成本，知道"入不敷出"的临界点在哪儿。第二要学会换位思考——不仅要考虑己方的利益，还要考虑对方的利益；不仅要考虑己方接受条件的可能性，还要考虑对方接受条件的可能性。

(3) 尊重原则。是指谈判人员说话的态度和内容要符合礼仪的要求，要让对方感受来自己方的尊重。磋商作为实质性谈判阶段，双方在交易条件上的交锋可能会出现激化的情况，在此时谈判人员尤其要保持冷静，绝不可出现粗暴无礼的语言或行为。

(4) 条理性原则。磋商阶段的事务繁杂，双方要商谈的问题不仅包括实质性的问题，还会包括一些相对不太重要的条款。这种情况就对谈判人员思维和言语上的条理性提出了较高的要求。要求一般包括以下内容：第一，谈判议题的先后次序一定要符合谈判的目的和逻辑上的要求，如按照“交易内容→交易价格”、“技术水平→价格评论”、“讨论许可证→供货内容”等次序进行谈判，就比较符合谈判议题间内在的逻辑关系。第二，谈判人员在论述问题前要做充分的准备，要打腹稿、列提纲甚至拟出书面讲稿，以便在论述时做到条分缕析、简洁明快、通俗易懂。

(5) 进取原则。进取原则是指谈判人员要时刻铭记自己肩负的使命，在磋商过程中应坚持为己方争取尽可能多的利益，千方百计地说服对方接受己方提出的交易条件，总之要力争做到不辱使命。

7.2 商务谈判磋商阶段的事务

商务谈判磋商阶段的事务包括：报价、评论报价、讨价、还价、作出妥协、处理僵局等。

7.2.1 报价

报价，又称发盘，是指谈判一方向另一方提出一定交易条件，并愿意按照这些条件完成交易的一种表示。交易条件涵盖的项目包括商品质量、数量、包装、保证、支付条件、索赔，等等。

1. 两种典型的报价方式

在商务谈判中，有两种比较典型的报价方式，即西欧式报价和日本式报价。

(1) 西欧式报价。报价方首先提出有较大余地的价格，然后对比交易的外部竞争状况，通过给予各种优惠，逐步达到成交目的。

(2) 日本式报价。报价方将最低价格列在价格表中，以期首先引起另一方的兴趣。但报价所涵盖的项目很难满足对方的全部需要，如果对方要求增添有关项目，则报价方就会相应提高价格。

案例

某饮料厂欲购买固体橘汁饮料酶生产技术与设备，当时能提供这种技术与设备的有甲、乙、丙三个厂家。该饮料厂经过初步调查，得知甲厂的报价最低，于是该饮料厂就决定与甲厂进行谈判。经过几轮谈判，该饮料厂发现他们的很多要求不能得到满足，如果想改变条件满足自己的要求，甲厂就会提高价格。最后该饮料厂以高于原价格15%的价格购买了技术与设备。

资料来源：http://apps.hi.baidu.com/share/detail/37425037。

问题：

(1) 甲厂采用了哪种报价战术？

(2) 该种报价的一般模式是什么？

(3) 对卖方来说该种报价的优点是什么？

2. 由哪方报开盘价

最初报价称开盘价。由哪方报开盘价或曰率先报价呢？无非有以下两种情况：

(1) 由己方报开盘价。一般来说，己方报开盘价的好处在于争取主动，在价格谈判中比对方报价更具有影响力。然而，己方报开盘价的不利之处也是显而易见的。因为对方在得知己方的报价后，可以不露声色地对自己的想法进行调整，从而使己方丧失更好的交易机会。

关于己方是否要报开盘价，要根据具体情况而定。

1) 在己方掌握信息不足的情况下，要争取让对方报开盘价。

2) 如果预计谈判将比较激烈，甚至可能出现互不相让的局面，那么在做好充分准备的前提下，可以由己方报开盘价来设定谈判的起点，以期先入为主效应发生作用。

3) 如果谈判对方是己方的老客户，而且合作一直很愉快，那么由哪方报开盘价的问题就不重要了。

(2) 由对方报开盘价。其有利之处在于可以根据对方的报价及时调整己方的策略，以争取到最大利益。不利之处是被对方占据了主动，己方必须在对方划定的框架内谈判。

案例

美国著名发明家爱迪生在某公司当电气技师时，他的一项发明获得了专利。公司经理向他表示愿意购买这项专利权，并问他要多少钱。当时，爱迪生想：只要能卖到 5 000 美元就很不错了，但他没有说出来，只是督促经理说："您一定知道我的这项发明专利权对公司的价值了，所以，价钱还是请您自己说一说吧！"经理报价道："40 万元，怎么样？"还能怎么样呢？谈判当然是没费周折就顺利结束了。爱迪生因此而获得了意想不到的巨款，为日后的发明创造提供了资金。

资料来源：http://info.china.alibaba.com/news/detail/v0-d5595211.html。

3. 对报价的解释

对报价的解释是报价方向另一方介绍、说明其报价内容的做法。

以卖方报价为例。卖方对报价的解释包括技术解释和价格解释。技术解释是指说明标的物个性特征的过程。价格解释是对交易条件中数字化表述的价值条件予以说明，包括对货物费、备品备件费、技术费和工程设计费的解释。

通常说来，只有对方对所报价格表示不满或质疑时，己方才有必要进行解释说明。归纳起来，在对报价进行解释时，要遵循下列原则①：

(1) 不问不答。指对方不主动问及的问题不要首先解释，以免造成言有所失的结果。

---

① 此"报价解释原则"部分改编自安贺新主编的《推销与谈判技巧》(北京，中国人民大学出版社，2006)。

（2）有问必答。指对对方提出的问题，都要一一做出很流畅的回答。

（3）避虚就实。指对己方价格中比较贴近实质的部分应当多讲一些，对于虚高的部分则应当少讲或不讲。

（4）能言不书。指能用口头表达的就不要用文字来书写，这样可以给己方后期的谈判留有一定的余地。

7.2.2 评论报价

评论报价是指未报价的一方对报价人的报价、提供的资料及口头做的补充解释进行明确评价的做法。

1. 评论的目的

评价报价有两个目的：其一是指出报价中的不妥之处，只有这样对方才有可能考虑改善报价条件；其二是让报价方认识到评论者的实力，为双方的平等谈判打下基础。

2. 评论的内容

报价评论的内容包括两项：一是总报价，二是分项报价。一般凭感觉、知觉、经验和行情来评论对方的总报价。而对对方的分项报价则是在充足的客观依据的支持下，逐项、逐点地进行评论。

3. 评论的方法

评论报价一般有两种方法：比较法与分析法。

（1）比较法是指把两种相似的交易进行比较后再发表对报价的评论。如某皮毛经销商在对卖方的报价评论时说："我是×国皮毛大王的后代，对毛皮生意有40多年的经验，通晓世界各国皮毛价格。像贵国这种皮张，要价显然过高了。"①

（2）分析法是从相关因素的分析来判定价格条件及其解释的客观性与合理性。如对一个标准木屋的价格评论，从木材的材质及用量、金属件、加工工时、人工费、运费、安装等构成因素通项分析价格合理性，最后推导出总价贵贱的评价。②

案例

有一次，某百货商场的采购员到一家服装厂采购一批冬季服装。采购员看中一种皮夹克，便问服装厂经理："多少钱一件？"

"500元一件。"

"400元行不行？"

"不行，我们这是最低售价了，再也不能少了。"

"咱们商量商量，总不能要什么价就什么价，一点儿也不能降吧？"服装厂经理感到，冬季马上到来，正是皮夹克的销售旺季，不能轻易让步，所以，他很干脆地说："不能让价，没什么好商量的。"

采购员见话已说到这个地步，让价没什么希望了，扭头就走了。

过了两天，另一家百货商场的采购员又来了。

---

①② 丁建忠：《商务谈判》，76页，北京，中国人民大学出版社，2006。

他问服装厂经理："多少钱一件？"

回答依然是500元。

采购员又说："我们会多要你的，采购一批，最低可多少钱一件？"

"我们只批发，不零卖。今年全市批发价都是500元一件。"

这时，采购员不急于还价，而是不慌不忙地检查产品。过了一会儿，采购员讲："你们的厂子是个老厂，信得过，所以我到你们厂来采购。不过，你的这批皮夹克式样有些过时了，去年这个式样还可以，今年已经不行了，而且颜色也单调。你们只有黑色的，而今年皮夹克的流行色是棕色和天蓝色。"

他边说边看其他的产品，突然看到有一件衣服，口袋有裂缝，马上对经理说："你看，你们的做工也不如其他厂精细。"他仍边说边检查，又发现有件衣服后背的皮子不好，便说："你看，你们这衣服的皮子质量也不好。现在顾客对皮子的质量要求特别讲究。这样的皮子质量怎么能卖这么高的价钱呢？"

这时，经理沉不住气了，并且自己也对产品的质量产生了怀疑，于是用商量的口气说："你要真想买，而且要得多的话，价钱可以商量。你给个价吧！"

"这样吧，我们也不能让你们吃亏，我们购50件，400元一件，怎么样？"

"价钱太低，而且你们买的也不多。"

"那好吧，我们再多买点，买100件，每件再多30元，行了吧？"

"好，我看你也是个痛快人，就依你的意见办！"于是，双方在微笑中达成了协议。

资料来源：http://www.zgcbb.com/detail.aspx? bid=234859。

问题：同样是采购，为什么一个空手而回，一个却满载而归？

7.2.3 讨价

讨价是指未报价一方向报价方要求改善交易条件的行为。简言之，讨价就是要求报价方"重新报价"或"改善报价"，又称为再询盘。

讨价方式主要有两种：一种是总体讨价，即对总体条件提出改善的要求。另一种是分项讨价，即针对分项报价内容，逐一要求重报或改善价格条件的做法。

7.2.4 还价

还价是指谈判一方报价以后，另一方否定或部分否定对方报价并表明己方可接受的交易条件的行为。

还价方应在还价方式、还价起点、还价次数、首次还价时间等问题上做出决策。

(1) 还价方式。还价方式包括总体还价和具体还价。前者是针对总价进行还价，后者是针对价格的具体内容或若干大块进行逐项还价。前者还价方便，但不易找到还价依据；后者还价复杂，但易做到以理服人。[①]

(2) 还价起点。还价起点即第一次还出的价格条件。[②]

还价起点一般用成本加成定价法来确定，即先从分析、比较交易标的物及附加条件的实际成本入手，在确定了成本之后，再适当加上一定百分比的利润，形成第一次还价条

---

① 丁建忠：《商务谈判》，83页，北京，中国人民大学出版社，2006，有改动。

② 同上书，84页。

件。该原则便于还价时说理，也给以后的谈判留下了余地。

(3) 还价次数。即准备还几次价的考虑。买方在还价阶段的防线就是还价次数，它决定了第一次还价的数额及其后的还价数额。

(4) 首次还价时间。确定首次还价时间时不仅要考虑前面讨价的次数，更重要的是还要考虑讨价的效果。当讨价取得明显的效果后，即可以考虑用还价的方式争取利益。

7.2.5 讨价还价

经过报价、讨价、还价等环节后，如果交易双方在交易条件上仍然存在差距，一般就会出现交易双方同时进行讨价和还价的现象，我们称这种情况为讨价还价，此时也表明谈判进入了讨价还价阶段。

在此阶段，双方频繁进行攻防转换，各施辩才，各显神通，竞争的激烈程度甚于以往各个阶段。

7.3 商务谈判磋商阶段的策略

7.3.1 报价策略

常用的报价策略有：

(1) 报价时机策略。报价之前卖方一般要先介绍商品的使用价值，待对方充分认识到产品的使用价值之后，即可报出价格。

(2) 加法报价策略。加法报价策略是指报价时不将全部项目的价格一次报出，而是分几次报出。此策略相对于全部条件托盘而出，更容易为对方所接受。

(3) 除法报价策略。该策略是指报价方可利用对方的求廉心理，用较小的计价单位报价，给需方心理上留下便宜的印象。比如2010年大蒜价格飞涨，卖大蒜的摊贩不再以斤为单位进行报价，而是以两为单位进行报价——“7角1两”。

(4) 价格比较策略。提出己方商品价格时，可联系另一种可比商品的价格进行比较，或者在相同使用价值的前提下比价格，或者在相同价格的前提下比使用价值。

(5) 价格差异策略。根据商品的流向、卖方需求的急缓程度、购买次数和数量、付款方式等内容的不同，可报出不同的价格。一般说来，对老主顾或大批量需求者，价格可报得低些。而有时候，谈判对手最关心的是商品的其他方面，比如，急需某种商品时，所关心的是到货时间，对于价格就不太计较了；对于一些技术性较强的商品，所关心的是商品的质量和性能，对于价格的要求也不会太苛刻。这些时候，都可以采用适当的高价策略。

7.3.2 还价策略

常用的还价策略有：

(1) 感情投资策略。在价格谈判中，如果想影响对方，最有效的做法是先唤起对方的好感，增进彼此的理解、信任和友情。要想达到这一目标，可以运用以下技巧：第一，在次要问题上主动迎合对方；第二，谈业务以外对方感兴趣的话题；第三，回顾双方以往的友好交往和成功合作。

(2) 含而不露策略。即己方对对方的某报价比较满意，却不将满意“形于色”，且意欲谋求更多利益的策略。运用这一策略时需要做到：第一，一定要竭力掩饰内心的满意；

第二，加紧盘算如何进一步还价以获得更多利益。

(3) 针锋相对策略。即出于己方利益的需要，基于己方实力条件，在还价时针对对方的强硬态度做到“以其人之道，还治其人之身”。这一策略表现为两种方式：第一，强化某种非价格利益，诱引对方忽视价格；第二，对等罗列出给予对方的利益，使显现的双方所得利益对比重新回到相对平衡。

(4) 诱敌深入策略。即试探性地使用假设条件的语句，表述己方的一些交易条件，询问在这些条件下对方能否作出相应的或更大的让步。

使用这种策略需要注意以下两点：第一，己方提出的条件要能引起对方兴趣；第二，己方提出的条件与对方要求的让步内容之间存在内在联系，要求既能调节双方的利益分割关系，又能增大双方的利益总量。

(5) 小处入手策略。即在还价时，借鉴“小点成交法”，先在次要条件上提出让步要求，得到满足后，再“得寸进尺”，在主要条件上提出让步要求。例如，对方报价的主机价格为 60 万元，安装调试费为 20 万元，零部件价格为 8 万元。还价可以先从零部件或技术费入手，一旦谈判顺利，再开始谈主机价格。

(6) 吹毛求疵策略。该策略主要是挑剔对方的商品和条件，迫使对方进行说明和解释，从而争取到讨价还价的机会，增加还价的力度。

案例

美国谈判学家罗伯斯有一次去买冰箱。营业员指着罗伯斯要的那种冰箱说：“259.5 美元一台。”

接着罗伯斯导演了一台精彩的“喜剧”。

罗：这种型号的冰箱一共有多少种颜色?

营：共有 32 种颜色。

罗：能看看样品本吗?

营：当然可以!(说着立即拿来了样品本。)

罗(边看边问)：你们店里的现货中有多少种颜色?

营：现有 22 种。请问您要哪一种?

罗(指着样品本上有但店里没有的颜色)：这种颜色同我厨房的墙壁颜色相配!

营：很抱歉，这种颜色现在没有。

罗：其他颜色与我厨房的颜色都不协调。颜色不好，价钱还这么高，要不便宜一点，我就要去其他的商店了，我想别的商店会有我要的颜色。

营：好吧，便宜一点就是了。

罗：可这台冰箱有些小毛病!你看这里。

营：我看不出什么。

罗：什么?这一点毛病尽管小，可是冰箱外表有毛病通常不都要打点儿折扣吗?

营：……

罗(又打开冰箱门，看了一会儿)：这冰箱带有制冰器吗?

营：有！这个制冰器每天24小时为您制冰块，一小时才3美分电费。（他认为罗伯斯对这制冰器感兴趣。）

罗：这可太糟糕了！我的孩子有轻微哮喘病，医生说他绝对不可以吃冰块。你能帮我把它拆下来吗？

营：制冰器没办法拆下来，它和整个制冷系统连在一起。

罗：可是这个制冰器对我根本没用！现在我要花钱把它买下来，将来还要为它付电费，这太不合理了！……当然，假如价格可以再降低一点的话……

结果，罗伯斯以相当低的价格——不到200美元买下了他十分中意的冰箱。

资料来源：石宝明，石宝山：《商务谈判》，64～65页，大连，大连理工大学出版社，2007。

（7）不开先例策略。此策略常用来否定对方不合理的报价。比如，当对方报价后，你可说："你这个价格是史无前例的，我方根本承受不了。"

7.3.3 对抗策略

谈判中双方对抗的结果通常取决于双方实力的对比。谈判某一方的实力不仅仅由企业拥有的经济实力所决定，其影响因素还包括谈判者的谈判水平、谈判者掌握的信息量、谈判者的职位以及交易内容对双方的重要性和迫切性、信誉、竞争状况、拥有的谈判时间等多种因素。实力对比决定了某一方在谈判时是处于主动地位、被动地位还是与对方平等的地位。

1. 主动地位的对抗策略

当谈判中己方实力强大，对手实力弱小，己方处于谈判主动地位时，采取的对抗策略的核心就是使对方做出让步，从而谋求更大的利益。这时可选取的策略有：

（1）平铺直叙策略。这种策略是指在谈判内容比较简单、技术要求不高的情况下，己方直接向谈判对手列出所要求的各项条件，并要求对方尽快给予答复。

案例

某房地产开发商准备兴建一幢写字楼，在初步招标之后确定了一家承包商。在双方就细节问题进行谈判时，这位开发商拿出了一份事先草拟的合同交给了承包商，要求其当场进行讨论，最晚在24小时内给予答复。超过这一时限，就作退标处理。承包商当即对合同进行研究，当晚在合同上签了字，第二天工程便开工了。

资料来源：http://jpk2007.sxftc.edu.cn/sptx/jxnr/xt5.html。

（2）吊胃口策略。这种策略是指实力占有优势的一方，只是反复说明谈判如果成功能给对方带来的好处，而自己却不肯让步，通过吊谈判对手的胃口来为己方争取更多的利益。这种策略对于在实力上占有优势、时间又比较充裕的企业较为适用。当企业的时间成本不高，对谈判的依赖程度又较低时，这种"持久战"的方式往往可以为企业争取到较大的利益。

（3）前紧后松策略。"前紧"是指在谈判前一阶段，提出的条件都较苛刻，而且坚持不作任何让步，使对方产生疑虑、压抑、无望等心态，以大幅度降低其期望值，处于一种很难接受又怕谈判破裂的矛盾紧张心理状态。"后松"是指在实际谈判中，逐步优惠或让步，使对方在紧张后产生某种特殊的轻松感，从而有利于达成我方需要的协议。

案例

在一次商品交易中，买方想要卖方在价格上多打些折扣，但同时也估计到如果自己不增加购买数量，卖方很难接受这个要求。于是买方在价格、质量、包装、运输条件、交货期限、支付方式等一系列条款上都提出了十分苛刻的要求，并草拟了有关条款作为洽谈业务的蓝本。然后在讨价还价的过程中，买方会让卖方明显地感到在绝大多数的交易项目上买方都“忍痛”做了重大让步。这时，卖方鉴于买方的慷慨表现，同意买方在价格上多打些折扣的要求，这样买方并没有另外多费口舌就实现了自己的目标。

资料来源：http://www.doc88.com/p-918999310832.html。

(4) 欲擒故纵策略。欲擒故纵策略是指在谈判中的一方虽然想做成某笔交易，却装出满不在乎的样子，将自己的急切心情掩盖起来，似乎只是为了满足对方的需求而来谈判，使对方急于谈判，主动让步，从而实现先“纵”后“擒”的目的。

运用此策略时，务必使自己的态度保持半冷半热、不紧不慢的状态。例如，日程安排上不显急切；在对方激烈强硬时，让其表现，采取“不怕后果”的轻蔑态度等。

案例

杰克一行应邀从美国来东京，他们将就本公司生产的靛蓝粉，同日商洽谈销售协议。谈判开始了，日商见杰克不到30岁，颇为轻视。几个回合下来，日商发现年轻的杰克竟是一个谈判高手，他守住每吨12 000美元的报价，半点也不肯让步。无论日商怎样说服，杰克换一个提法，换一个角度，还是原来的价格。没想到对方竟然如此棘手。日商决定中止谈判，采用拖延战术。归期快到了，如果毫无结果，杰克回去肯定不好交差。在最后一天的谈判中，日商还是不肯让步，杰克虽然心急，仍沉住气说：“在日本的生意不做了，明天我们将飞往香港，那里靛蓝粉抢手得很。先生们，明天机场见!”说完，杰克就回到下榻的旅馆。晚饭后，日商终于沉不住气了，打电话来要求再谈一次。杰克这时才亮出底牌：“我们公司愿意与贵公司合作。这样吧，每吨10 800美元!”日商无话可说，当即签订了近40万美元的订货合同。第二天，临起飞前半小时，另一家公司又签订了76万美元的合同。杰克满载而归。

资料来源：http://www.chinabuy.ws/read.asp? id=41744。

2. 被动地位的对抗策略

当谈判对手实力强，而己方实力弱，己方处于谈判的被动地位时，正面对抗显然占不到什么便宜，因此，采取对抗策略的核心就是要设法改变谈判力量的对比，变被动为主动，尽量保护自己。可选取的策略有：

(1) 团队力量策略。这种策略就是谈判小组的全体成员集中一个目标或一个提案，轮番向对方进攻，通过“造势”来壮大自己的力量，改变谈判对手的态度，达到谋取利益的目的。

(2) 软化个别对手策略。这种策略是指通过软化对方的某个关键人物，使对方不能从思想上统一起来，内部产生意见分歧，达到分化瓦解对手的目的。这种策略是场内场外结合的一种策略，己方可通过深入了解对方谈判人员的各种背景，找出对方关键人物的“薄弱环节”，采取非正式渠道与其接触，联络感情，使之对己方产生好感，取得对方的同情与理解。

(3) 寸土必争策略。寸土必争策略就是坚持己方的每一块阵地，在对方不作出相应让步的情况下，绝不主动让步，让对方感觉到每前进一步都是很不容易的。在运用这一策略时，要特别注意保护好自己的“底牌”，保持小组成员的行动一致，对于己方所作的让步，在谈判中要不断反复提起，并适当夸大。

(4) 迂回进攻策略。这种策略是指谈判人员将自己的条件转换一种形式表达出来，给对手造成一种自己已经让步的错觉，从而使谈判摆脱困境，进一步向前发展。例如：某房地产公司出售一幢写字楼，开价 2 500 万元，买方认为价格偏高，希望卖方能适当降价。卖方提出，可以将价格降到 2 100 万元，但所交易手续要由买方自己办理，双方就此签了合同。结果买方因为办理过户手续，缴纳各种税费花去了将近 500 万元，实际支出一点没有减小。

3. 平等地位的对抗策略

在地位平等时的基本对抗策略是“以己之长，攻彼之短”，就是尽可能发挥自己的优势，攻击对方的短处，达到迫使对方让步的目的。

7.3.4 让步策略

谈判本身就是一个相互妥协的过程，因此谈判双方通常都要在谈判过程中或多或少地作出让步。

美国谈判大师嘉洛斯曾提出了 8 种让步模式（如表 7—1 所示）。正如表中所看到的，为了方便、直观地表现 8 种模式之间的区别，嘉洛斯将谈判一方的让步过程假设为 4 个阶段，将让步利益的总份额规定为 60。

表 7—1　　让步模式

让步模式	第一期让步	第二期让步	第三期让步	第四期让步
1	0	0	0	60
2	15	15	15	15
3	8	13	17	22
4	22	17	13	8
5	26	20	12	2
6	59	0	0	1
7	50	10	−1	1
8	60	0	0	0

资料来源：王国梁：《推销与谈判技巧》，182 页，北京，机械工业出版社，2007。

(1) 坚定的让步模式 (0/0/0/60)。即在让步过程的前三阶段，不论对方如何讨价还价，己方绝不让步，而在谈判进入后期或迫不得已的时候，一次让出全部可让利益。此种模式一般不为人们所采用，因风险极大，极易造成谈判破裂。

(2) 等额让步模式 (15/15/15/15)。这种让步模式的优点是有利于双方进行充分的讨价还价，使谈判结果相对比较公平。其缺点是等额的让步幅度可能刺激对方的"贪心"，以至于"一而再，再而三"地要求己方让出更多的利益。

(3) 递增的让步模式 (8/13/17/22)。此种模式的基本特征是"愈让愈多"，不太符合常理。这种模式在使对方产生成就感的同时，也会将对方的胃口越吊越大，甚至诱发对方不切实际的要求。

(4) 小幅递减的让步模式 (22/17/13/8)。这种模式可给人以顺乎自然、顺理成章的感觉，易于为人们所接受和采用。愈来愈小的让步幅度，有助于赢得对方的信任和达成谈判协议。

(5) 中等幅度递减的让步模式 (26/20/12/2)。这种模式的优点是在让步之初以高姿态亮相，具有较强的吸引力，而逐步减小的让步幅度又向对方暗示己方已尽了最大努力，已无让步余地。其不足之处在于：前期让步幅度过大，给人以妥协意愿较强的印象，容易诱使强硬的对手加强攻势。因此，这种策略一般适用于以合作为主的谈判。

(6) 大幅度递减的让步模式 (59/0/0/1)。即以几乎一步到位的方式实施让步。这种策略的优点是，以求和的精神为先，有可能会换得对方的回报，最后让出小利，以显示己方的诚意，使通达的谈判对手难以拒绝。其缺点是初期让步过大显现出明显的弱势倾向，且容易刺激对方的期望，如果对手强硬而贪婪，会使其变本加厉地向己方发起攻击。而后两期的寸步不让又使对方吊高了的胃口无法满足。这种让步方式适用于在谈判中处于不利境地而又急于成交的一方。

(7) 大幅递减又间价格反弹的让步模式 (50/10/−1/1)。即以大幅让步开始，两次即让出全部可让利益，第三次赔本相让，最后再设法讨回的让步方式。这种方式的优点是具有很大的吸引力，往往会使陷于僵局的谈判起死回生。其缺点是前期的超额让利会使对方的期望值增大，进而提出己方难以承受的让步要求。此方式适用于谈判陷于僵局或危难性的谈判。这种方式实施起来富于变化，要求谈判者要有丰富的经验和娴熟的技巧，对于谈判新手有一定的难度。

(8) 一次性让步模式 (60/0/0/0)。这种大幅度的率先让步模式也许会赢取对方的信任，因而节约谈判时间，降低谈判成本，提高谈判效率。但更大的可能是，己方会失掉本来能够争取到的利益，且让对方在大喜过望之后陷入大失所望，甚至导致僵局的出现。这一策略一般适用于在谈判中处于劣势的一方，或双方关系较为友好的谈判。

上述8种让步模式基本上涵盖了谈判中的各种让步方式。以谈判实践来看，第四种、第五种让步模式比较合理，因而采用得比较多；第六种、第七种让步模式，其采用需要有较高的艺术技巧和冒险精神，如运用得当可少作让步，迅速达成交易，但运用得不好，不是使己方作出更多的让步，就是使谈判陷入僵局；第三种、第八种让步模式采用者较少；第一种基本上无人采用。在谈判实践中，谈判采用何种让步模式，需要谈判者灵活运用，特别是要根据己方的谈判方针和策略、对方的实力、谈判经验等因素来决定。

案例

20世纪80年代中期，美国一家大型企业来华投资，双方在起草合资企业合同时，发生了严重的意见分歧，美方坚持要求在合同中写明该合同的适用法为美国纽约州州法，中方代表则认为这是无视我国涉外经济法规的无理要求，坚决不予考虑，双方陷入僵局。这时，我方向一位通晓中外双方经济法的专家咨询，从中了解到美方的要求是出于对当时中国在保护知识产权方面法律体系不完备的担忧。对此情况，我方十分理解，并意识到我们的法律确实有待完善。于是，一方面我方直接与美方公司总部的法律部主任联系，解释我国法制建设情况及对保护技术的积极态度；另一方面我方提出一个建议方案，即在合同中明确表达：该合同适用法为中国法律，在中国现有法律的个别不完备之处，补充几个专门的保护条款，这些补充条款适用法为美国纽约州州法。这一方案提出后，美方代表对我方的诚意十分敬佩，并很快同意我方方案，僵局随之打破。

资料来源：http://www.lantianyu.net/pdf17/ts056041_1.htm。

课堂练习

[单项选择题]

1. 作为买方，报价起点要（　　）。

A. 低　　B. 既要低又要接近对方底线

C. 高　　D. 既要高又要接近对方底线

2. 开盘时，以下选项不正确的是（　　）。

A. 报价要坚定而果断　　B. 必须非常明确清楚

C. 需对所报价格做详细的解释、说明　　D. 必须讲清楚要件

3. 从讨价的步骤来看，一般第一阶段采用（　　）。

A. 全面讨价　　B. 分别讨价　　C. 针对性讨价　　D. 合理性讨价

4. 在国际商务谈判中，有两种典型的报价战术，即西欧式报价和（　　）。

A. 中国式报价　　B. 东欧式报价

C. 日本式报价　　D. 中东式报价

5. 在一方报完价之后，另一方比较科学的做法是（　　）。

A. 马上还价　　B. 置之不理、转移话题

C. 请对方作出价格解释　　D. 亮出己方的价格条件

6. 若对方对本次交易的行情不了解，则我方可选择（　　）。

A. 后报价　　B. 先报价　　C. 难以确定　　D. 无所谓顺序

7. 在国际商务谈判中，将最低价格列在价格表中，以求首先引起买主兴趣的是（　　）。

A. 西欧式谈判　　B. 日本式谈判

C. 中国式谈判　　D. 东欧式谈判

8. 谈判中，一方首先报价之后，另一方要求报价方改善报价的行为被称作（　　）。

A. 要价　　B. 还价　　C. 讨价　　D. 议价

9. 煤气保险广告“一天一角钱，天天保太平”是（　　）。

A. 低价报价方式　　B. 高价报价方式

C. 加法报价方式　　D. 除法报价方式

10. 下列哪一项不是还价策略？（　　）

A. 感情投资　　B. 顺其自然　　C. 吹毛求疵　　D. 最后通牒

11. 吹毛求疵策略最适合在商务谈判（　　）阶段运用。

A. 结束　　B. 开局　　C. 磋商　　D. 中间

12. 欲擒故纵策略最适宜处于哪种地位的谈判者？（　　）

A. 平等地位　　B. 被动地位　　C. 主动地位

13. 在谈判中，人为制造的分歧是指（　　）。

A. 核心内容的分歧　　B. 主要分歧

C. 实质性分歧　　D. 假性分歧

14. 在议价阶段，需要采取以下四个步骤中的部分或全部才能使交易达成，其正确的顺序是（　　）。

A. 对谈判形势作出判断、互为让步磋商、打破僵局、探明对方报价的依据

B. 探明对方报价的依据、互为让步磋商、对谈判形势作出判断、打破僵局

C. 探明对方报价的依据、对谈判形势作出判断、互为让步磋商、打破僵局

D. 对谈判形势作出判断、探明对方报价的依据、打破僵局、互为让步磋商

15.（　　）阶段是实质性谈判的开始。

A. 开局　　B. 报价　　C. 磋商　　D. 交锋

16. 在大型成套或一揽子项目谈判中，第一次还价的方式应是（　　）。

A. 逐项还价　　B. 总体还价　　C. 分步还价　　D. 慢步还价

17. 谈判中的讨价还价主要体现在（　　）上。

A. 叙　　B. 答　　C. 问　　D. 辩

18. 坚定的让步方式的特点是（　　）。

A. 让步方态度比较果断，给人以大家风范的感觉

B. 比较机智、灵活，富有变化

C. 自然、坦率，符合商务谈判讨价还价的一般规律

D. 合作为主，竞争为辅，诚中见虚，柔中带刚

课后作业

[简答题]

1. 在商务谈判中有两种比较典型的报价方式，分别是什么？请做简要介绍。

2. 讨价方式主要有哪两种？请做简要介绍。

3. 还价方式主要有哪两种？请做简要介绍。

4. 如何识别和选择进入讨价还价阶段的时机?
5. 美国谈判大师嘉洛斯曾提出了8种让步模式，请分别做简要介绍。
6. 报价的策略有哪几种?
7. 还价的策略有哪几种?
8. 简要介绍不同谈判实力状况下可采用的对抗策略。

[案例分析]

案例一

1983年，日本某电机公司出口其高压硅堆的全套生产线，其中技术转让费报价2.4亿日元，设备费12.5亿日元，包括了备件、技术服务（培训与技术指导）费0.09亿日元。谈判开始后，营业部长松本先生解释：技术费是按中方工厂获得技术后的产品获利提成计算出的。取数是生产3000万支产品，10年生产提成是10%，平均每支产品销价4日元。设备费按工序报价：清洗工序1.9亿日元；烧结工序3.5亿日元；切割分选工序3.7亿日元；封装工序2.1亿日元；打印包装工序0.8亿日元；技术服务费助和培训费为250万日元；技术指导人员费用为650万日元。

背景介绍：

(1) 日本公司技术有特点，但不是唯一掌握这项技术的公司，该公司是积极推销者，首次进入中国市场，也适合中方需要。

(2) 清洗工序主要为塑料槽、抽风机一类器物；烧结工序主要为烧结炉及辅助设备；切割分选工序主要为切割机、测试分选设备；封装工序主要为管芯和包装壳的封结设备和控制仪器；打印包装工序主要为打印机及包装成品的设备。此外，有些辅助工装夹具。

(3) 技术有一定先进性、稳定性，日本成品率可达85%，而中方仅为40%左右。

资料来源：http://zhidao.baidu.com/question/98639115.html。

问题：

(1) 卖方解释得如何? 属于什么类型的解释?

(2) 买方如何评论?

案例二

在一场涉及机械设备买卖的国际谈判中，谈判双方在价格问题上出现分歧，买方代表提出卖方所提供的设备价格比其他国家的同类产品价格要高出近10%。

资料来源：http://wenku.baidu.com/view/f97e4c0f52ea551810a68764.html。

问题： 面对买方代表对价格的反对意见，卖方代表应如何应对?

案例三

1967年的“中东之战”结束后，以色列占领了埃及西奈半岛6万平方公里的土地。战争虽然结束了，但是两国之间的领土争执不断，成为这一地区一个重要的不安定因素。为了协助各方面解决争端，实现和平，一些国家特别是美国多次以协调人身份督促各方通过谈判解决争端，然而各种势力均告失败，因为各方都坚持自己的利益和谈判立场，没有丝毫妥协的迹象。对于埃及来说，被占领的西奈半岛是该国不可分割的一部分，而鉴于国际上承认的领土完整和国家主权原则，埃及有权利要求以色列无条件归还被占领的领土。对于以色列来说，占领西奈半岛是出于对本国安全的考虑，因为几次关于以色列的武装进攻都是从这一区域开始的，所以以色列应当控制这一区域。由于双方分毫不让，谈判虽不断举行，但是一次次陷入僵局，持续11年也未取得任何实质性的进展。1978年，埃以之间再次恢复谈判，地点是美国的戴维营。此次和谈不同于以往所有谈判的一点是，各方摒弃传统的思维模式而采用全新的双赢谈判理念来指导谈判。各方都有了新的认识和发现。埃及的主要利益在于领土的完整而不是威胁以色列的安全；而以色列对于领土的扩张不感兴趣，它的主要利益在于保证国家的安全。基于这样的观念双方达成了共识，提出了一个各方都能接受的解决方案：以色列归还其占领的埃及领土，作为回报埃及将西奈半岛的大部分领土划为非军事区域。这样一场持续了11年的谈判终于画上了圆满的句号，而这次谈判只用了短短的12天。

资料来源：http://doc.mbalib.com/view/05b544addcf6645d5fb219051b176fca.html。

问题：为什么埃以11年后能达成协议？

案例四

甲乙双方已就有关的交易条件磋商长达3个月之久，基本形成了许多一致的意见，但还有一两个问题需要进一步讨论。此时甲方提议到本地一风景点游船上边游览边协商。结果双方很快签订了合同。

资料来源：http://wenku.baidu.com/view/8b1163a0284ac850ad0242d2.html。

问题：

（1）甲方提议是一种什么样的谈判策略？

（2）这一策略主要用在谈判的什么过程中？

（3）使用这一策略会带来哪些好处？

（4）使用这一策略要注意什么问题？

本章实训　商务谈判让步模拟

一、实训目的

通过本次实训，学生应能够理解商务谈判中让步策略的含义与原则，掌握让步技巧在谈判中的作用方式、时机与步骤。

二、实训情境

美国著名的建筑设计师杰克·鲍尔先生2002年在天津注册了“盛华联合建筑设计事务所”。经过3年的业务拓展，事务所在天津和海外占有了一定的市场份额，成为当地较有名望的建筑设计事务所。事务所有意开拓北京市场，但还没有实质性的进展。众多奥运建设项目在北京正如火如荼地铺开，鲍尔不愿意错失千载难逢的机遇，决定把进入北京市场作为当年最为重要的发展目标。

北京市宏泰房地产开发有限公司已经拿下了北京四环路金龙商务大厦的开发项目，总经理王永杰认为应该将金龙商务大厦建成符合国际潮流的地标性建筑，为此必须邀请具有国际化背景的设计公司进行设计，经业内人士介绍，宏泰与盛华联合建筑设计事务所取得了联系，双方定于 2005 年 3 月 6 日在北京就金龙商务大厦设计方案进行谈判。

资料来源：王方：《商务谈判实训》，43～44 页，大连，东北财经大学出版社，2009。

三、实训任务

要求学生根据给出的实训情境分组进行谈判模拟。部分小组可以在课堂上进行模拟，由于时间限制，其他小组可以在课下进行谈判开局的模拟。要求每个小组上交模拟的视频文件。

四、实训步骤

第一步，确定谈判的目标。

第二步，确定让步方式。

第三步，盛华报价。

第四步，盛华大幅度让步。

第五步，盛华小幅退让，择机让步。

第六步，衡量让步结果。

五、成绩评定

每位学生的个人最终成绩来源有两个：教师为每个小组打的分数 A 及组长为组员打的分数 B。计算公式如下：

个人最终成绩＝A×80％＋B×20％

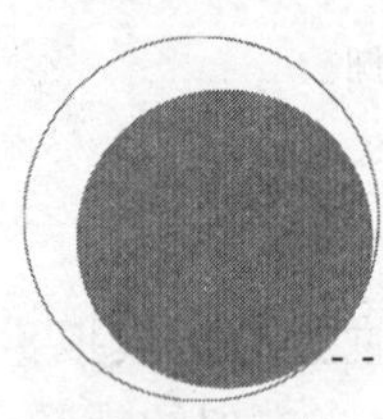

第8章 商务谈判终局阶段

教学目标

了解商务谈判终局阶段的概念；熟知商务谈判终局阶段应完成的事务；掌握并能够运用商务谈判终局的基本策略。

教学内容

8.1 商务谈判终局阶段的概念
8.2 商务谈判终局阶段的事务
8.3 商务谈判终局阶段的策略

8.1 商务谈判终局阶段的概念

商务谈判终局阶段是指从磋商结束到谈判终结的阶段。终局阶段的主要工作包括判断终结时机、发出终结信号、促成双方交易、起草与签署谈判协议。

在商务谈判终局阶段形成的谈判结果不外乎三种：成交、中止和破裂。

(1) 成交。成交即谈判双方签订协议，达成交易。成交的前提是双方对交易条件经过多次磋商后已不存在实质性的分歧。

(2) 中止。中止谈判是指谈判双方因为某种原因而暂时终结谈判。中止如果是发生在谈判的终局阶段，即为终局性中止，也是一种结束谈判的方式。

(3) 破裂。破裂是指谈判双方经过最后的努力仍然不能达成共识和签订协议，只得结束谈判。

8.2 商务谈判终局阶段的事务

8.2.1 判断终结时机，发出终结信号，促成双方交易

“判断终结时机，发出终结信号，促成双方交易”是商务谈判终局阶段的最重要和最关键的事务，因为它们直接关系着谈判的成败。

何时终结谈判非常关键。过早，条件不成熟，操之过急，难遂人愿；过晚，错失良机，空留懊悔。如何判断终结时机呢？方法有三：第一，从谈判涉及的交易条件来判断。交易条件是指与交易有密切关系的所有条件的总和。如果谈判进行到双方的分歧只有少数几点或者已经基本没有，交易条件在双方可接受的范围内并且原则上已经全部达成一致时，就意味着谈判已经到收尾成交阶段了。第二，从谈判时间来判断。双方约定谈判截止时间的到来预示着谈判该进入收尾成交阶段了。此外，单方规定的谈判期限是终结谈判的依据。第三，从对方谈判人员发出的信号来判断。打算终结谈判时，谈判一方一般会向对方发出意欲终结谈判的信号。另一方接收到此信号后即可考虑终结谈判并向对方发出相应的信号。

成功判断出终结时机后，谈判人员即可采用一定的策略，向对方发出终结谈判的信号，目的一般是为促使双方达成交易协议而使谈判进入终局阶段。

8.2.2　起草与签署谈判协议

1. 谈判协议的概念

谈判协议是由谈判双方在针对一定标的进行充分的磋商后而订立的旨在实现双方谈判目标的协议。

谈判协议的形式主要有两种，即口头协议和书面协议。

(1) 口头协议。口头协议是谈判双方以口头的方式订立的协议。口头协议多用于买卖双方“一手交钱，一手交货”的情况。

(2) 书面协议。书面协议是由谈判双方在针对一定标的进行充分的磋商后，用书面文字形式订立的旨在实现双方谈判目标的协议。书面协议崇尚“空口无凭，立字为据”，对谈判双方的权利、义务和责任均进行明文规定。

2. 谈判协议的起草

谈判协议可以由一方起草，也可以由双方共同起草。

起草谈判协议时应注意：

(1) 内容要完备。在协议中双方所有的权利、义务和责任等均应得到体现。协议签订前后均应仔细检查协议条款有无缺项、漏项。

(2) 表述要准确、严密。协议中的表述与日常说话不同，要求必须做到准确、严密，不能随意省略语句的某一语法成分，更要杜绝语法、文法和逻辑错误的产生。

(3) 书写要正确、规范。基本的要求：书写规范，确保阅读者能够轻松识别；没有错别字；正确使用标点符号；对日期、金额、数量等的书写符合行业要求。

(4) 印章要齐全。除了协议文本约尾处要盖章外，还有其他一些情况需要加盖印章。如某部分内容有改动，应在改动处由双方加盖印章。再如，为了保证两份协议“一脉相承”，可在两份协议的骑缝处加盖骑缝章。

(5) 要防止对方故意“使诈”。无论协议由何方起草，均需进行仔细检查，认真核对，谨防因小的错误而“差之毫厘，谬以千里”。有时对方还会出于谋取“私利”的目的而不择手段地故意犯错，其在协议中常用的手法有：1）将数字有意写错，如将小数点打错、少写或多写一个零，故意加错、减错、除错、乘错，数字潦草看不清楚等；2）故意把关键的计量概念弄错，如把毛利写成纯利、把总收入写成净收入、毛重写成净重、“打”写成“个”、公制写成英制等；3）故意把一些名称相同或相似但内容或实质有较大区别的名称搞得含糊不清或模棱两可，如“斤”本有“公斤”与“市斤”之分，“吨”有长吨、短吨、公吨之别，“元”有美元、日元、港元、人民币元等，如仅写“斤”、“吨”、“元”则难以分辨。①

3. 谈判协议的签署

只有当谈判双方签署完谈判协议后，我们才能说此次谈判已经画上了一个圆满的句号。有权签署协议的人为双方公司的法人代表或其委托代理人。

签字仪式场景布置见图 8—1。

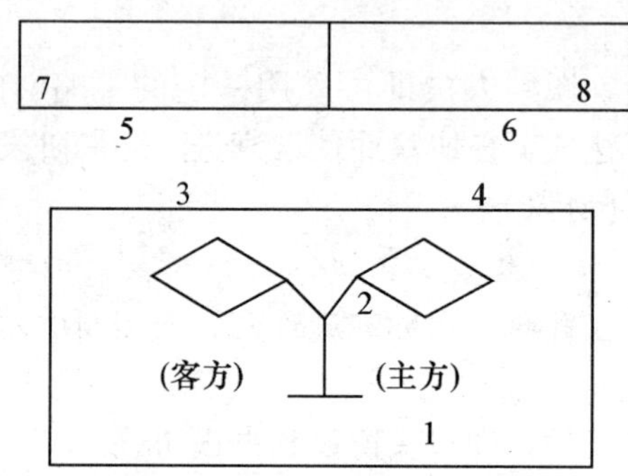

图 8—1 签字仪式场景布置

1—签字桌 2—双方国旗 3—客方签字人 4—主方签字人 5—客方助签人 6—主方助签人 7—客方参加签字仪式的其他人员 8—主方参加签字仪式的其他人员

资料来源：王国梁：《推销与谈判技巧》，211 页，北京，机械工业出版社，2007。

在签署较为重要的谈判协议时，有时会举行正式的签字仪式。

签字仪式的准备工作一般包括四项内容：

(1) 确定参加人员。参加人员一般为谈判人员，如果一方要让未参加谈判的人员出席，应经对方应允后方能出席。

(2) 准备协议文本。谈判协议起草工作完成后，主场一方即可开始安排工作人员准备协议文本。

(3) 选择签字场所。签字场所一般选择在主场一方的会议室、商务洽谈室，也可选择客人下榻的宾馆。对于特别重大的谈判，可选择在高档酒店、新闻发布中心举行，同时邀请新闻媒体的记者参加。

(4) 布置签字场所。一般在签字厅内放置一张长方形桌，桌面为深色台布所覆盖。桌子后面放置两把椅子，供双方签字人就座。协议文本及签字用的文具整齐摆放在桌面上。签字桌中间立一旗架，如系国际谈判，则旗架插上两国国旗。如系国内谈判，则分别摆放座签，并写上企业名称。

签字仪式的程序是：

(1) 参加人员进入签字厅。

(2) 双方签字人入座，其他人员按身份高低自里向外站在各方的签字人员身后，助签

① 王国梁：《推销与谈判技巧》，210 页，北京，机械工业出版社，2007。

人员分别站立在各方签字人的外侧。

（3）在己方保存文本上签字。

（4）在对方保存文本上签字。

（5）双方签字人员互换文本。

8.3 商务谈判终局阶段的策略

在谈判终局阶段运用谈判策略主要有几个目的：一是通过终局策略激励或刺激谈判对手，使谈判更有效率；二是通过终局策略可以为己方获得最后的利益；三是向谈判对手发出终结谈判的信号，以便于双方能够达成协议。

8.3.1 最后通牒策略

最后通牒策略指的是当谈判双方因某些问题纠缠不休时，处于有利地位的一方向对方提出最后交易条件，并告知对方要么对方接受本方交易条件，要么本方退出谈判，以此迫使对方让步。

此策略的使用条件是：

（1）己方在谈判中处于相对优势。

（2）谈判双方已经进行了充分的磋商。

案例

在艾柯卡着手拯救克莱斯勒的过程中，他感到必须压低员工的工资。他首先降低工厂高级职员工资的10%，自己的年薪也从36万美元减到10万美元。随后，他对工会领导人说："17美元一个钟头的活有的是，20美元的一件也没有。现在好比我拿着手枪顶着你们的脑袋，你们还是聪明点。"工会未答应艾柯卡的条件，双方僵持了1年。最后，形势迫使艾柯卡发出了最后通牒。一天晚上10点钟，艾柯卡找到了工会谈判委员会，对他们说："明天早晨以前，你们非做出决定不可。如果你们不帮我的忙，我也要你们不好受。明天上午我就要宣布公司破产，你们还可以考虑8小时，怎么办好，你们看着办吧。"最后，迫于最后通牒的压力，工会答应了艾柯卡的要求。

资料来源：刘文广：《商务谈判》，64～65页，北京，高等教育出版社，2001，有改动。

8.3.2 折中调和策略

该策略是将双方立场和条件的差距进行折中处理来实现双方谈判目标的做法。该策略只有在谈判的最后阶段才可以使用，因为在经过严谨的分阶段谈判后，交易条件渐趋公平、合理，对最后尚存在的文字、数字条件分歧以折中的方式解决，其结果才更合理。

8.3.3 总体条件交换策略

该策略是指将所有分歧条件分为对己方有利、对己方不利、对对方有利和对对方不利四类，然后商定双方分别承担一些不利条件，获得一些有利条件，由此构建出一个新的问题解决方案。由于该方案包括了所有谈判存在的分歧，故称"一揽子交易"，而针对所有分歧提出了有进有退的条件，因而也称为"好坏搭配"。

8.3.4 临阵反悔策略

该策略是指谈判一方为了争取更大的利益，在谈判进入终局阶段就要签署协议时突然反悔，要求对某一项条款进行修改。这种策略一般适用于谈判议题中的次要条件，如果在关键问题上反悔，就会破坏双方关系，给对方留下出尔反尔的不良印象，影响双方未来的合作。

8.3.5 得寸进尺策略

该策略是指在谈判就要结束时，一方不断地提出新的让步要求来增加自己的利益。当对方使用此策略时，己方可以要求对方一次性地阐述自己的条件从而不给对方得寸进尺的机会。

8.3.6 冷冻策略

该策略是指暂时中止谈判的做法。因为双方谈判条件差距太大，一时难以解决，但双方又有成交愿望；或因为与交易相关的许可证、外汇、行政审批、政治或人事等因素，使得谈判无法继续进行，双方可能会考虑暂时中止谈判。

对于冷冻了的谈判，双方可以在条件或时机成熟时重新开始谈判，以此来达到成交的目的。

课堂练习

[单项选择题]

1. 谈判终局阶段的主要工作不包括（　　）。

A. 判断终结时机　　B. 发出终结信号

C. 促成双方交易　　D. 履行谈判协议

E. 起草与签署谈判协议

2. 王某和李某分别代表两家公司订立谈判协议，为了避免以后发生争议，王某和李某应尽量（　　）。

A. 把协议条款制定得周密严谨

B. 协同一致，不发生冲突

C. 建立良好个人关系

D. 确立公平合理原则，合同条款无所谓

3. 判断谈判终结时机的方法不包括（　　）。

A. 谈判涉及的交易条件

B. 上级的指示

C. 谈判时间

D. 对方谈判人员发出的信号

4. 有权签署协议的人为（　　）。

A. 双方公司的法人代表或其委托代理人

B. 双方公司的法人代表

C. 双方公司法人代表的委托代理人

5. 在谈判终局阶段运用谈判策略的目的一般不包括（ ）。

A. 激励或刺激谈判对手，使谈判更有效率

B. 为己方获得最后的利益

C. 营造其乐融融的氛围，为下次合作打下良好基础

D. 向谈判对手发出终结谈判的信号，以便于双方能够达成协议

课后作业

[简答题]

1. 如何判定谈判终结的时机？
2. 商务谈判终局阶段形成的谈判结果有几种？请分别做简要介绍。
3. 签字仪式的准备工作一般包括哪些内容？
4. 列举并简要介绍商务谈判终局阶段可采用的策略。

[案例分析]

甲乙经过协商口头约定，由乙向甲借款5万元。后来，乙归还了部分借款，甲为乙出具一张书面凭据"还欠款1万元"。后来，甲因乙迟迟不归还余款，遂向法院起诉，要求乙归还余款4万元。这就出现了两种理解方法：一种认为，甲为乙出具的是一张收条，其真实意思是，实际收到了乙归还的欠款1万元，乙仍然欠款4万元，这里的"还"应读为huán；另一种意见认为，甲出具的条子是一张证明，它证明了，甲与乙之间现存的欠款标的额，此处的"还"应当读为hái，意思为，乙还有1万元未归还，故应判令乙归还甲1万元。

资料来源：http://wenwen.soso.com/z/q97397369.htm。

问题：这个案例给了我们什么经验教训？

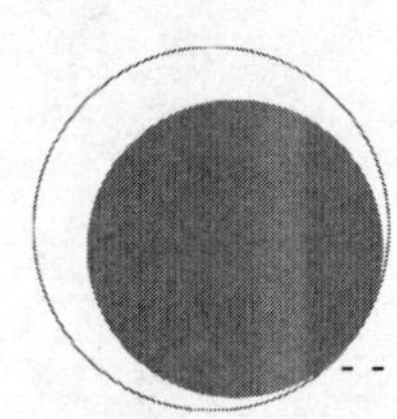

第9章 商务谈判僵局的处理

教学目标

了解商务谈判中僵局的类型；了解出现僵局的可能原因；掌握并能够运用打破僵局的策略与技巧。

教学内容

9.1 商务谈判僵局的类型
9.2 引发僵局的原因
9.3 打破僵局的策略与技巧
本章实训 商务谈判僵局处理

9.1 商务谈判僵局的类型

谈判过程中由于双方在某一问题上的立场和观点难以达成共识，而又均不愿做出让步，于是出现了僵局。当僵局出现后，双方应当积极寻求处理僵局的办法。

9.1.1 按谈判阶段分类

按照谈判僵局发生时所处的谈判阶段，可以把谈判僵局分为初期僵局、中期僵局和后期僵局。

初期僵局即发生在谈判开局阶段的僵局。在谈判开局阶段，如果在谈判开局中双方发现他们缺乏合作基础，或未营造出良好的开局气氛，谈判僵局也许就会“不期而遇”。

中期僵局即在谈判磋商阶段发生的僵局。谈判磋商阶段是谈判的实质性阶段，双方需要就有关技术、价格、合同条款等交易内容进行详尽的讨论、协商。在合作的背后，客观存在着利益上的争夺和立场上的分歧，这就可能导致谈判陷入僵局。

后期僵局是在谈判终局阶段发生的僵局。双方在价格、技术等主要议题上达成一致后，还需要商讨项目验收程序、付款条件等次要议题。双方如果在次要议题上未达成一致且均不愿意妥协时，也会导致僵局的发生。

9.1.2　按谈判内容分类

不同的谈判主题会引发不同的谈判僵局。双方在洽谈技术要求、价格、履约地点、验收标准、违约责任等内容时，都可能因双方谈不拢而造成谈判僵局。在所有可能导致谈判僵局的谈判主题中，价格是最为敏感的一种，是引发僵局频率最高的谈判主题。

9.2　引发僵局的原因

只有通过观察、分析，找到导致僵局发生的原因，谈判者才有可能“对症下药”，打破僵局，使谈判得以继续。下面对引发僵局的原因进行分析和介绍。

9.2.1　立场争执

谈判过程中，双方如果对某一问题各持自己的看法和主张，并且谁也不愿作出让步时，往往容易产生分歧，争执不下。这时，双方真正的利益被这种表面的立场所掩盖，谈判变成了一种意志力的较量，自然很容易陷入僵局。

立场型争执是双方在谈判中最容易犯的错误，由此造成的僵局也是最常见的一种。

案例

图书馆里一片寂静，然而两个邻座的读者却为了一件小事发生了争执。一个想打开临街的窗户让空气清新一些，保持头脑清醒，有利于提高读书的效率；另一个想关窗不让外面的噪声进来，保持室内的安静，以利于看书。二人争论了半天，却未能找到双方满意的解决方法。这时，图书管理员想出了一个办法，她打开了另一侧面对花园的窗户，既让空气得到流通，又避免了噪声干扰，同时满足了双方的要求。

资料来源：http://home.51.com/aamiffyok/diary/item/10046256.html。

9.2.2　双方成交底线差距太大

在许多商务谈判中，即使双方都表现出十分友好、坦诚与积极的态度，但是如果双方谈判计划中所确定的成交底线差距太大，谈判也会陷入僵局，而且这种僵局难以处理，基本都会以谈判失败或破裂而告终。举个简单的例子：你走进一家汽车商店，看见一辆标价10 000美元的红色敞篷轿车，你情不自禁地想买下来。但你手上只有8 000美元，并且你最多也只愿付这个数。于是你与店主开始讨价还价，你调用一切手段想证明你非常渴望得到这辆车，并运用各种技巧让店主相信你的出价是合理的。你达到了被理解的目的，可是店主只愿打5%的折扣，并告诉你这是他的最优惠条件了。这时谈判陷入僵局。究其原因，就是双方成交底线差距太大。看来，你无法用8 000美元得到那辆红色敞篷汽车。

案例

世界橡胶业中某跨国公司自恃拥有世界上最先进的工艺，它在世界各地设立合资企业，都要求占有50%以上的股份，否则就不转让技术。近百年来，它的这种方针一直没有改变。20世纪90年代初期，它很有兴趣来中国投资，并选择中国某轮胎公司作为合作对象，拟在中国设立合资企业。但中方根据自己在国内市场的地位，提出中方必须占50%以上股份。最终该跨国公司宁愿放弃中国这位最好的合作伙伴，也不愿意放弃自己的立场。

资料来源：http://home.51.com/aamiffyok/diary/item/10046256.html。

9.2.3 有意无意的强迫

谈判双方在法律和人格上是平等的，然而在谈判实践中常出现这样的情况——一方为让对方接受己方的让步要求，有意无意地自恃强势地位对对方采取强迫的手段。这种有意无意的强迫也是使谈判陷入僵局的常见原因。

案例

上海某项扩建改造工程中，要求外方将其设备、材料存放在上海的施工现场，企图以此来保证工程的进度，然而在外方看来这是强迫他们承担设备、材料损失的风险，为此相应提高了工程造价，造成双方在项目价格上相持不下而形成僵局。

资料来源：http://home.51.com/aamiffyok/diary/item/10046256.html。

9.2.4 人员素质问题

事在人为，谈判人员的素质永远是谈判能否获得成功的决定性因素之一，因而谈判人员素质的低下有时也就成为导致谈判僵局的原因。谈判人员如果作风不佳、知识欠缺、经验匮乏，都有可能导致谈判的僵局乃至败局。

9.2.5 信息沟通的障碍

沟通障碍是指信息在传递和交换过程中，由于信息意图受到干扰或误解，而导致沟通失真的现象。①

商务谈判中的沟通障碍可分为三种：

(1) 文化背景差异型沟通障碍。由于双方文化背景差异较大，一方误解了对方表达的意思，因而造成了沟通障碍，进而引发了谈判僵局。

案例

某跨国公司总裁访问我国一家著名的制造企业，商讨合作发展事宜。中方总经理很自豪地向客人介绍说："我公司是中国二级企业……"此时，译员很自然地用"second-class enterprise"来表达。不料，该跨国公司总裁闻此，原本很高的兴致突然低落下来，敷衍了几句立即起身告辞。在归途中，他抱怨道："我怎么能同中国的一个二流企业合作?"可见，一个小小的沟通障碍，会直接影响到谈判的成功与否。

资料来源：http://home.51.com/aamiffyok/diary/item/10046256.html。

(2) 误解型沟通障碍。一方已经接收到另一方所发出的信息，但是因其职业习惯、受教育程度以及专业知识的制约，误解了所接收信息的本来意思。

---

① 沟通障碍：http://baike.baidu.com/view/3239671.htm。

案例

一次关于成套设备引进的谈判中，某市的谈判班子对外方所提供的资料作了研究，认为对方提供的报价是附带维修配件的，于是按此思路与外方进行了一系列的洽谈。然而在草拟合同时，发现对方所说的“附带维修配件”其实是指一些附属设备的配件，而主机配件并不包括在内，需要另行订购。这样，我方指责对方出尔反尔，而对方认为我们是故意作梗。事后我方仔细核对原文，发现所提及的“附带维修配件”只是在谈到附属设备时出现过，而我方误认为是对所有设备提供配件。

资料来源：http://home. 51. com/aamiffyok/diary/item/10046256. html。

(3) 排斥型沟通障碍。因对方发出的信息与自己内心的需要“背道而驰”，所以自己在接收到信息后虽已对信息做了正确的解码，但却发自内心地排斥这种解码。

案例

我国曾获得过一笔某国际金融组织的贷款，用以建筑一条二级公路。按理说这对于我国现有筑路工艺技术和管理水平来说是一件比较简单的事情，然而负责这个项目的某国际金融组织的官员却坚持要求我方聘请外国专家参与管理。这就意味着我方要大大增加在这个项目上的开支，于是我方表示不能同意。我方在谈判中向该官员详细介绍了我国的筑路水平，并提供了有关资料，这位官员虽然提不出什么异议，但由于以往缺乏对中国的了解，或是受偏见支配，他仍不愿意放弃原来的要求，这时谈判似乎已陷入僵局。为此，我方就特地作了安排，请他去实地察看了我国自行设计建造的几条高水准公路，并由有关专家作了详细的介绍和说明。正所谓“百闻不如一见”，心存疑虑的国际金融组织官员这才算彻底服了，僵局也由此打破，谈判得以顺利完成。

资料来源：http://home. 51. com/aamiffyok/diary/item/10046256. html。

9.2.6 外部环境发生变化

有些僵局源于外部环境的变化。如果谈判过程中因环境发生了于己不利的变化，则谈判一方可能无法或不愿兑现做出的承诺，因而只好拖延塞责，最终造成谈判僵局。比如，产品进价突然增高，身为中间商的谈判一方如果按照双方洽谈的价格签约，必然会给自己带来较大的损失；违背承诺又担心对方不接受，便故意拖延，于是双方陷入谈判僵局。

以上是导致谈判僵局的常见原因。谈判实践中，很多谈判人员害怕僵局的出现，担心由于僵局而导致谈判暂停乃至最终破裂。其实大可不必如此，谈判经验告诉我们，这种暂停乃至破裂并不绝对都是坏事。因为，谈判暂停，可以使双方都有机会重新审慎地回顾各自谈判的出发点，即既追求各自的合理利益又挖掘双方的共同利益。如果双方都逐渐认识到弥补现存的立场差距是值得的，并愿采取相应的措施，那么这样的谈判结果就能符合谈判原本的目的。即使出现了谈判破裂，在有些情况下也不失为一件幸事，因为那样可以避免非理性的合作。

9.3 打破僵局的策略与技巧

谈判中出现僵局并不可怕，重要的是要正确地认识和对待僵局，认真分析导致僵局的原因，然后对症下药，打破僵局。常见的用以打破僵局的策略和技巧主要有以下几种。

9.3.1 客观对待

在有些谈判中，谈判双方虽然存在较大的共同利益，但是在一些具体问题上存在利益冲突，而且又都不肯让步，于是就引发了立场上的争执。这种争执对于谈判全局而言可能是无关紧要的，但如果不加重视，任其发展，也会使整个谈判陷入僵局。这时，设法制定解决争执的客观准则，有可能是一种使问题迎刃而解的办法。

案例

1945 年 7 月，中国政府派法官梅汝敖参加了设在日本东京的远东国际军事法庭对第二次世界大战战犯的审判工作。法庭庭长经盟军最高统帅麦克阿瑟指定由澳大利亚法官韦伯担任。庭长坐审判席中央的首席是不言而喻的。由于美国在结束战争中的特殊作用，由美国法官坐庭长右手的第二把交椅也似成定局，那么谁应该坐庭长左侧的第三把交椅呢？各国法官争论激烈。梅法官意识到自己是代表中国而来，因此为了国家利益，也要设法争取坐上第三把交椅。于是他当众宣布："若论个人座次，我本不在意，但既然我们都代表各自国家，则我尚需请示本国政府。"若果真如此，除澳、美以外其他九国法官都要请示本国政府，势必要造成时间耽搁。若九国政府意见不一要再度协商，则不知何时能定好座次开庭。正当各国法官不知所措之际，梅法官又提议道：以日本投降时各受降国签字顺序排列法庭座次最为合理。对此超脱各自利益的客观准则，大家一时也提不出异议。

然而开庭前一天预演时，庭长韦伯突然宣布法官入场顺序是美、英、中、苏。梅法官意识到若预演时默认遵行，那么次日开庭座次就因袭而定，无法更改了。于是他当即脱下黑色法袍、拒绝登台。他提出："既然我对法庭座次的建议在同仁中无甚异议，我请求立即对我的建议表决。否则，我只有不参加预演，回国向政府辞职。"庭长韦伯提不出更好的想法，只得召集众法官表决，结果大家都同意按在日本投降书上受降国的签字顺序进行座次的安排。而这个签字的顺序是美、中、苏、加等。于是就按这个次序排定了法官入场顺序和座次。梅汝敖被安排在第三个入场并坐在庭长左边的第三把座椅上。

事实上，法官座次与在投降书上的签字顺序并无必然联系。但当谈判各方众说纷纭，各执己见时，能提出一个超越当事人争执点的客观原则，它就有可能被认为是公正的、现实的，且易于为大家所接受。虽然，这一原则不一定是最合理的，甚至带有某种偏向性，但由于没有更好的替代方案，因而难以被驳倒。因此，谈判中善于运用这一策略就有可能有效地打破僵局，并不失时机地维护自己的利益。

资料来源：http://home.51.com/aamiffyok/diary/item/10046256.html。

9.3.2 寻找替代方案

在一次商务谈判中，能够满足需要、实现双方谈判目标的方案往往不止一个，但是谈判人员常常执著于其中的某一个方案，当这种方案不能为对方接受时，他们只会固执己见，坐视僵局的形成。实践中，这种例子不胜枚举。事实上，当遇到谈判僵局时，正确的做法应该是采纳或寻求目前所用方案的替代方案，这样才有可能使“山重水复疑无路”的局面转变为“柳暗花明又一村”。

案例

在 1978 年的埃以和谈中，以色列最初宣布要占有西奈半岛的某些地方，显然这种方案是不能为埃及所接受的。当双方越过对立的立场而去寻找促使坚持这种立场的利益时，往往就能找到既符合这一方利益又符合那一方利益的替代性方案，即在西奈半岛划定非军事区。于是，埃以和约得以签订。

资料来源：http://home.51.com/aamiffyok/diary/item/10046256.html。

9.3.3　运用休会策略

休会也可作为打破谈判僵局的一个策略。

在谈判难以继续进行或继续进行的预期效果不佳时，东道主可在征得客人的同意后，宣布休会。休会以后，可采取以下行动：(1) 思考双方的分歧究竟是什么性质；(2) 对前一阶段谈判进行总结；(3) 考虑僵局会给己方带来什么利益损害，环境因素有哪些发展变化，谈判的紧迫性如何等；(4) 向上级领导做汇报，请示高层领导对处理僵局的指导意见；(5) 让双方高层领导进行接触；(6) 组织双方谈判人员进行非正式接触，如参观游览、参加宴会等。

9.3.4　利用调节人

当出现了比较严重的僵持局面时，双方的感情可能都受到了伤害。在这种情况下，最好寻找一个双方都能够接受的中间人作为调节人，来对双方的关系进行调解。

调节人的作用有：提出符合实际的解决办法；出面邀请对立的双方继续会谈；启发双方提出有创造性的建议；综合双方的意见和观点；提出妥协的方案；促进交易达成等。

调节人往往由和谈判双方没有直接关系的第三者担任，其应具有足够的经验、较高的地位、渊博的学识和公正的品格。调节人的威望越高，就越能获得双方的信任，越能缓和双方的矛盾，达成谅解。①

9.3.5　更换谈判人员

如果僵局源于谈判人员的素质问题，就需要考虑更换谈判人员。更换谈判人员后，双方的关系也许就能够得以缓和，僵局也可能因此得以打破。

应用此法需要注意两点：第一，换人时要向对方做出合理解释，以便能够得到对方理解；第二，不要随便换人，因迫不得已而换人时，要向换下来的人员做一番思想工作，以免挫伤其工作积极性。

9.3.6　有效的退让

无论对于谈判的任何一方而言，纠结于立场争执而使谈判陷入僵局的做法是不理智和

① http://info.biz.hc360.com/2011/10/260829180673-2.shtml，有改动。

不明智的。因为这种做法偏离了利益乃是谈判主要追求目标的基本思想。尽管如此，有时谈判出现僵局是不可避免的。出现僵局后，谈判者可以考虑在某些条件上稍做让步，而在另一些条件上寻求补偿。用这种"失之东隅，收之桑榆"的退让来寻求补偿的策略或许能够打破僵局。

9.3.7 以硬碰硬

在因对方态度过于强硬而使谈判陷入僵局后，如果己方认为自己的立场是正确而合理的，而且又没有其他可供替代的方案时，就可以采用以硬碰硬的策略。使用此策略时，可明确表示己方已经没有让步的空间，希望对方能做出妥协，否则自己只能退出谈判。在选择此策略时，己方必须做好接受谈判破裂的思想准备。对方如果珍惜这次合作机会，有可能选择退让，这样僵局也就得以被打破，这一策略也就取得了应有的效果。

案例

在比利时某画廊曾发生过这样一件事：一位美国商人看中了印度画商带来的三幅画，标价均为 2 500 美元。美国商人不愿出此价钱，双方各执己见，谈判陷入僵局。

终于，那位印度画商被惹火了，怒气冲冲地跑出去，当着美国人的面把其中的一幅字画烧掉了。美国商人看到这么好的画被烧掉，十分心痛，赶忙问印度画商剩下的两幅画愿意卖多少价，回答还是 2 500 美元，美国商人思来想去，拒绝了这个报价，这位印度画商心一横，又烧掉了其中一幅画。美国人只好乞求他千万别再烧掉最后那幅画。当美国人再次询问这位印度商人愿以多少价钱出售时，卖主说："最后这幅画只能是三幅画的总价钱。"最终，这位印度商手中的最后一幅画以 7 500 美元的价格拍板成交。

资料来源：袁雪峰：《商务谈判》，104～105 页，合肥，合肥工业大学出版社，2009。

案例

在一次引进设备的谈判中，我方选择了两家外商——A 公司和 B 公司作为可能的合作伙伴。根据两家公司报来的资料与价格，我方同两家公司分别作了初步接触，发现 A 公司价格偏高，B 公司的设备质量毫不逊色，功能却要多些，报价也稍便宜，为 580 万美元。综合各方面情况考虑，我方决定把 B 公司的设备作为首选对象。然而，这个价格对我方而言仍然偏高，谈判的关键是把它的价格降下来。于是我方邀请 B 公司派代表来华洽谈。通过几轮谈判，B 公司几次降价，最后报出价格为 520 万美元，并声明再降 1 美元就不干了。然而事实上我方得到的情报是：按照这个价格 B 公司可获得可观的利润。因此这个价格似乎仍高了些。因此我方在与 B 公司谈判的同时，也保持着与 A 公司的联系，这显然对 B 公司造成了一些压力。这时，我方就对 B 公司采用了釜底抽薪的计策。我方坦率地告诉 B 公司谈判代表：虽然贵公司作了很大让步，但我方在该项目上顶价是 500 万美元，超过这一限度，我方要另向上级申请，能否批准，我方心里也没底。我方希望贵公司再作一次最后的报价，否则，我方虽然非常希望购买贵公司的设备，但看来也只能另择伙伴了。对此，我方将感到遗憾。B 公司谈判代表虽然不太乐意，但眼看就要到手的合同有可能告吹，只得再紧急与公司本部磋商，最后终于以497万美元同我方达成购买设备协议。

资料来源：http://home.51.com/aamiffyok/diary/item/10046256.html。

9.3.8 据理力争

由于对方提出不合理要求而致使谈判陷入僵局后，己方可以据理力争，以坚决地反对和否定回应对方。这样做的道理在于，对方要求上的不合理使得任何让步都将意味着是无原则的妥协。俗话说：忍无可忍，就无须再忍。己方的据理力争或许能够迫使对方在权衡得失后，采取适当的妥协措施。

案例

A国政府曾为上海提供一笔捐款作为某个工业项目的可行性研究的资助，于是我方按捐款的条件选择A国某管理咨询公司为合作伙伴。1989年春夏之际，该公司的专家全部离华，随后又迟迟不返，我方催促了几次也不来。该公司在离华之前已经做了大量的前期工作，这时非但不派人来继续工作，而且还一再催促我方马上付款，同时请A国官员出面通融，结果都被我方拒绝了。我方的答复是：贵国政府基于错误的判断，曾经建议其商人在一段时间内最好不要来华，但不是命令贵公司一直不要来华。事实上，贵国许多公司的专家并没离华，即使离华的也早就回来了。既然现在合同依然有效，双方就应该按合同办事，对于任何违约行为和要求，我方是不可能认同和予以满足的。但这家管理咨询公司的总经理得到消息后仍坚称："如果你们现在不付款，那么我公司将永远不再来沪，一切后果由你方负责。"对外方这种无理要求我方当然不能示弱，于是义正词严地答复："贵公司当然有权作这样的选择。但根据合同，你方的专家必须马上来沪，最好明天就来，而且只有来了以后并工作一段时间，确实表现出继续合作的诚意，我方才能付款。"

不久对方无可奈何地派了3名专家来沪重新开始工作，并且工作得很努力。过了10天，这家公司负责该项目的副总经理又打电传过来，希望我方付款给该公司，这时我方才按合同的规定付了款。

资料来源：http://home.51.com/aamiffyok/diary/item/10046256.html。

9.3.9 换位思考

换位思考即设身处地地从对方的角度来观察和考虑问题。这不仅是打破僵局的一种方法，也是谈判双方实现有效沟通的重要原则。当我们多从对方的角度来思考问题，并设法引导对方站到我方的立场上来思考问题时，双方就能多一些彼此的理解。这对消除误解与分歧，找到更多的共同点，寻求双方都能接受的方案，有着积极的推动作用。

案例

第二次世界大战后，一些新兴的工业国家迅速崛起，现在我国与这些国家的商务交往也越来越多。在同这些国家的厂商打交道的过程中，会发现他们有时会提出一些过分的要求，如要求我方购买他们的虽非常先进但于我方来看却不太经济的设备，这与我方的要求相去甚远。当遇到这种谈判僵局时，我方就可以设法引导他们设身处地地从我方的角度多考虑："我们投在这个项目上的资金是有限的，因为我们国家目前的状况同你们国家在第二次世界大战后的一段时期内的情形是相似的。你们国家当初要发展，也是非常希望获得高投入产出比的。为什么今天我们要把一分钱掰作两瓣用时，你们就不能理解了呢？"这样的提问容易使对方产生一种认同感，从而把合作条件恢复到合理的水准上来。

资料来源：http://home.51.com/aamiffyok/diary/item/10046256.html。

上文列举了一些打破谈判僵局的策略与技巧，谈判实践中还有许多策略，在此不可能一一列举。总之，要想打破谈判僵局，就要对僵局的前因后果做周密的研究，然后确定实施某种策略或几种策略的组合。

课堂练习

[单项选择题]

1. 纵观商务谈判，在所有可能导致谈判发生僵局的谈判主题中，（　　）是最为敏感的一种。

A. 产品价格　　B. 产品质量

C. 付款方式　　D. 运输工具

2. 人们最容易在谈判中犯的错误是（　　）。

A. 人员素质的低下　　B. 信息沟通的障碍

C. 合理要求的差距　　D. 立场观点的争执

3. 谈判一方要求渴望与其合作的另一方接受他们难以理解的条件属于（　　）。

A. 信息沟通的障碍　　B. 人员素质的低下

C. 有意无意的强迫　　D. 立场观点的争执

4. 当双方都表现出十分友好、真诚与积极的态度，但对各自所期望的收益存在很大差距时出现的僵局属于（　　）。

A. 合理要求的差距　　B. 信息沟通的障碍

C. 人员素质的低下　　D. 立场观点的争执

5. 寻找替代打破僵局的做法是指（　　）。

A. 创造性地提出既有效地维护自身利益又兼顾对方要求的方案

B. 寻找第三者来参与谈判的方案

C. 提出对方要求以外能体现对方利益的方案

D. 更换谈判小组成员

6. 对方坚持不合理要求，导致僵持时，应采取（　　）。

A. 重大让步，以利于协议达成的决定

B. 明确而又坚决的不妥协态度，使对方明白施加压力无效

C. 拒绝对方要求，让谈判破裂的决定

D. 进一步让步以示诚意，让谈判继续进行的决定

7. 休会这一策略是指（　　）。

A. 改变会谈的原日程计划安排，中止谈判的进行

B. 会议休息
C. 会议计划调整
D. 会议时间结束

课后作业

[简答题]

1. 商务谈判中会出现哪些僵局?
2. 在商务谈判中，为什么会出现僵局?
3. 常见的用以打破僵局的策略和技巧有哪些?

[案例分析]

案例一

美国一家航空公司要在纽约建立大的航空站，想要求爱迪生电力公司降低电价。这场谈判的主动权掌握在电力公司一方，因为航空公司有求于电力公司。因此，电力公司推说如给航空公司提供优惠电价，公共服务委员会不批准，不肯降低电价，谈判相持不下。

这时，航空公司突然改变态度，声称若不提供优待电价，它就撤出这一谈判，自己建厂发电。此言一出，电力公司慌了神，立即请求公共服务委员会给予这种类型的用户以优惠电价，委员会立刻批准了这一要求。但令电力公司惊异的是航空公司仍然坚持自己建厂发电，电力公司不得已再度请求委员会降低价格，到这时，电力公司才和航空公司达成协议。

资料来源：http://guanli. book118. com/html/glzy_203346. html。

问题：

(1) 航空公司与电力公司的谈判僵局是由什么原因造成的?

(2) 航空公司采用打破僵局的技巧是什么?

案例二

有一家百货公司计划在市郊建立一个购物中心，而选中的土地使用权归张桥村所有。百货公司愿意出价100万元买下使用权，而张桥村却坚持要200万元。经过几轮谈判，百货公司的出价上升到120万元，张桥村的还价降到180万元，双方再也不肯让步了，谈判陷入了僵局。

经过冷静地审视双方的利益，双方意识到早些将项目谈成，让购物中心快点建起来，依靠购物中心吸纳大量农村劳动力，既可解决农民谋生问题，又可解决补充售货员的困难，于是，双方很快就找到了打破僵局的方案。方案之一，按120万成交，但商场建成后必须为张桥村每户提供一个就业的名额；方案之二，张桥村以地皮价120万入股，待购物中心建成后，划出一部分由农民自己经商，以解决生活出路问题。谈判因此顺利地打破了僵局，进入了两个方案的比较与选择程序，不久协议就很容易地达成了。

资料来源：http://home. 51. com/aamiffyok/diary/item/10046256. html。

问题：

（1）本案中的谈判僵局产生的原因是什么？

（2）本案中采取的是哪一种打破僵局的策略和技巧？

本章实训　商务谈判僵局处理

一、实训目的

通过本次实训，学生应能够理解商务谈判中出现僵局的原因，掌握商务谈判中僵局处理的基本思路、方法和技巧。

二、实训情境

山东西部某村盛产优质大理石。该村的大理石由村办企业蒙岭石料公司统一收购和销售。由于该村出产的大理石材质优异，并且生产、运输成本低廉，因此多年来一直被济南兴城房地产集团包销。

近年来，建筑材料价格持续上涨，而蒙岭提供给兴城的大理石却一直没有涨价，为此，蒙岭向兴城提出价格提高40%的要求。兴城当然不会轻易接受如此之大的涨幅，双方为此已展开了数轮谈判，但未达成一致。蒙岭最后提出，必须将价格提高35%，这是公司的底线，如不答应这个要求，他们将不再向兴城供货。

资料来源：王方：《商务谈判实训》，51页，大连，东北财经大学出版社，2009。

三、实训任务

要求学生对给出的实训情境进行讨论和分析，并分组进行谈判模拟。部分小组可以在课堂上进行模拟，由于时间限制，其他小组可以在课下进行谈判开局的模拟。要求每个小组上交模拟的视频文件。

四、实训步骤

以兴城一方为例。

第一步，分析僵局产生的原因。

第二步，评估自身在谈判中的地位。

第三步，利用中间人，将蒙岭重新拉回谈判桌。

第四步，通过叙旧、强调双方的共同利益等手段，寻求价格突破口。

第五步，通过改善关联交易条件缓解由于焦点问题而形成的僵局。

第六步，以硬碰硬打破僵局。

第七步，谈判成功，达成交易。

五、成绩评定

每位学生的个人最终成绩来源有两个：教师为每个小组打的分数A及组长为组员打的分数B。计算公式如下：

个人最终成绩＝A×80%＋B×20%

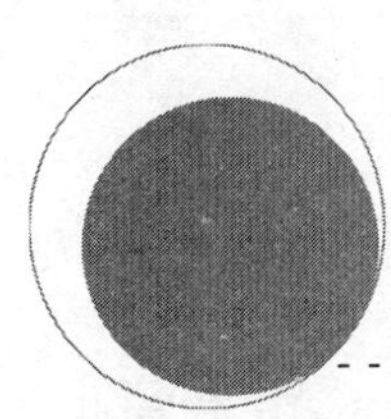

第 10 章

商务谈判心理

教学目标

了解商务谈判心理的内涵及其研究意义；掌握商务谈判需要与动机的相关知识；掌握商务谈判人员个性心理特征的相关知识；掌握商务谈判中感觉和知觉的相关知识；掌握商务谈判情绪的相关知识。

教学内容

10.1　商务谈判心理的内涵及研究意义
10.2　商务谈判需要与动机
10.3　商务谈判人员的个性心理特征
10.4　商务谈判中的感觉和知觉
10.5　商务谈判情绪
10.6　商务谈判中的心理挫折
10.7　谈判期望

10.1　商务谈判心理的内涵及研究意义

心理学告诉我们，人的需要、动机与行为密切相关。学习与研究商务谈判心理，既有助于培养自身的心理素质，又有助于揣摩谈判对手心理，实施心理策略，促成交易。

10.1.1　商务谈判心理的内涵

1. 商务谈判心理的概念

心理是人脑对客观现实的主观能动的反映。人的心理活动有感觉、知觉、记忆、想象、思维、情绪、情感、意志等。人的心理是复杂多样的，人们在不同的专业活动中，会产生不同的心理活动。

商务谈判心理是指谈判人员在商务谈判活动中的各种心理活动和表现出的心理特征。比如，作为谈判人员，当自己在商务谈判中第一次与谈判对手会晤时，如果对方彬彬有礼、态度诚恳、易于沟通，就会对对方有好的印象，并对谈判取得成功抱有希望和信心。

反之，谈判对手如果态度傲慢甚至盛气凌人，就会给自己留下坏的印象，自己对谈判的前景也将不会乐观。

2. 商务谈判心理的特点

商务谈判心理具有内隐性、相对稳定性、个体差异性等特点。

(1) 内隐性。是指商务谈判人员对自己的心理活动一般会进行有意无意的掩饰，旁人一般无法直接探测。有些谈判者更是把这种内隐性发挥到了极致——或顾左右而言他，或喜怒不形于色。这就使得我们难以仅仅根据对方的表面言行来揣测对方心理。尽管如此，由于心理会影响行为，所以人的心理还是可以从其外显行为加以推测。

(2) 相对稳定性。是指人的某种商务谈判心理现象产生后往往具有一定的稳定性。例如，商务谈判人员的心理会随着谈判的推进而产生波动，但在一段时间内却是相对稳定的。这一点为我们观察、分析及影响谈判心理提供了可能。

(3) 个体差异性。是指因谈判者个体的主客观情况的不同，谈判者个体之间的心理状态存在着一定的差异。个体差异性要求人们在研究商务谈判心理时，既要注重探索商务谈判心理的共同特点和规律，又要注意把握不同个体的心理特征。

10.1.2 研究商务谈判心理的意义

研究和学习商务谈判心理，对于商务谈判有以下几方面的作用。

1. 有助于谈判人员培养良好的心理素质

谈判人员良好的心理素质是谈判取得成功的重要条件。谈判人员研究和学习商务谈判心理，有助于培养其良好的心理素质，摒弃不良的行为习惯，成为优秀商务谈判人才。

艾克尔在《国家如何进行谈判》一书中提出了“完美无缺的谈判者的标准”：

根据17—18世纪的外交规范，一个完美无缺的谈判家，应该心智机敏，而且具有无限的耐心，能巧言掩饰，但不欺诈行骗；能取信于人，而不轻信他人；能谦恭节制，但又刚毅果敢；能施展魅力，而不为他人所惑；能拥巨富、藏娇妻，而不为钱财和女色所动。

2. 有助于揣摩谈判对手心理，实施心理诱导，制定谈判策略

谈判人员研究和学习商务谈判心理，有助于其观察、分析谈判对手的言谈举止，揣摩谈判对手的心理活动状态，防止掉入对手设置的谈判陷阱并正确做出自己的谈判决策。

人的心理与行为是相联系的，心理引导行为。研究和学习商务谈判心理，有助于谈判人员对对方谈判人员实施心理诱导，以引导对方发出己方所期望的行为。正如英国哲学家弗朗西斯·培根在其著作《谈判论》中所指出的：“与人谋事，则需知其习性，以引导之；明其目的，以劝诱之；谙其弱点，以威吓之；察其优势，以钳制之。”培根此言对于从事商务谈判的人来说至今仍有裨益。

了解了谈判对手的心理后，可以针对对手不同的心理状况采用不同的策略，以把握谈判的主动权，使谈判向有利于我方的方向发展。

3. 有助于掩饰我方心理

在我方观察、分析对方心理的同时，谈判对手也在观察、分析我方心理，因此就需要对我方的心理时时加以掩饰。比如，谈判人员可以根据自己对谈判心理的认识，在言谈举止、谈判策略等方面加以调整，以掩饰自己的情绪、动机等。

为了不让谈判对手了解我方某些真实的心理状态、意图和想法，谈判人员可以根据自己对谈判心理的认识，在言谈举止、信息传播、谈判策略等方面施以调控，对自己的心理动机（或意图）、情绪状态等作适当的掩饰。

4. 有助于营造适当的谈判氛围

为了使商务谈判达到预期目的，需要营造适当的谈判氛围，而研究商务谈判心理对适当谈判氛围的营造是必要的。这是因为，对于谈判心理的研究可以帮助谈判人员更好地洞察对方的心理状态，预测对方心理变化的规律，从而为影响对方心理以形成适当氛围提供了可能。

案例

"不要教老奶奶怎样煮鸡蛋……"

在某次多边国际商务谈判中，某大国的首席谈判代表在发言中非常傲慢，颐指气使，常采用"你们必须……"、"你们不能……"、"我奉劝你们……"等教训的口气说话，当他发言完毕，轮到我方代表发言时，我国代表不紧不慢地说："中国有句俗话说，不要教老奶奶怎样煮鸡蛋……"如此回应，使得那位谈判代表在窘迫中回味了好久。

资料来源：张祥：《国际商务谈判——原则、方法、艺术》，198 页，上海，上海三联书店，1998。

10.2 商务谈判需要与动机

10.2.1 商务谈判需要

人为了求得个体和社会的生存和发展，必须要求获得或拥有一定的事物，如食物、衣服、睡眠、劳动、交往等。对获得或拥有这些事物的要求称为人的客观需求。需要就是人脑对客观需求的主观反映。

商务谈判需要，就是商务谈判人员的谈判客观需求在其头脑中的反映，包括以下内容：

(1) 生理需要。谈判人员希望得到人类为维持和发展生命所必需的最原始、最基本的物质条件，如空气、饮食、穿衣、睡眠等。

(2) 安全需要。出于信用安全的考虑，谈判人员通常乐意与老客户打交道；在与新客户打交道时往往会心存顾忌，对其主体资格、财产、资金、信誉等状况会较为关注。

(3) 尊重需要。谈判人员得不到应有尊重往往是导致谈判破裂的原因。有着强烈尊重需要的人，当自尊心受到伤害而感觉到没面子时，在心理防卫机制的作用下，很可能会出现攻击性的敌意行为，或者是不愿意继续合作，这会给谈判带来很大的障碍。

(4) 社交需要。谈判人员希望在谈判中能够与同伴和谈判对手和睦相处，以找到一种归属感。

(5) 自我实现需要。谈判人员希望在谈判中能够充分发挥自己的才华，在实现谈判目标的过程中体会到因自我价值实现而产生的愉悦感受，即成就感。

人的需要引发动机，进而驱动人的行为。商务谈判人员在商务谈判中注重研究谈判对手的需要、动机，有助于把握其行为的规律性，就会掌握谈判的主动权。

一般而言，谈判人员在谈判过程中的主导需要、需要的急切程度、需要满足方案的可代替性等因素都会对谈判者的心理和行为产生影响。

（1）主导需要。在商务谈判中，在某一时期一般都会有某一种或几种需要是占主导地位的需要，即主导需要。在商务谈判中，要注意分析对手在不同时期、不同条件下存在的主导需要，据此采取灵活的反应和对策。

（2）需要的急切程度。谈判中，一方的需要越迫切，其达成谈判协议的愿望也就越强烈。如果谈判一方想得到某种商品的心情就如周瑜盼望“万事俱备，只欠东风”中的东风一样，则此方在谈判中就不仅不会计较交易条件中的细枝末节，而且在关键条件项目上也很容易做出让步。

（3）需要满足方案的可替代性。如果谈判一方只能选取一种方案来满足需要，同时受制于唯一的谈判对手，则其需要满足方案的可替代性很弱，那么，其对于成交的倾向性就比较强。相反，如果需要满足方案的可替代性较强，存在较多的能够满足需要的替代方案，则对于成交的倾向性可能就会比较弱。

10.2.2 商务谈判动机

动机是促使人采取行动以满足需要的驱动力，是推动一个人产生某种行为的内部原动力。

1. 商务谈判动机的含义

商务谈判动机，是在商务谈判过程中促使谈判人员采取行动以满足谈判需要的驱动力。

商务谈判动机的产生决定于两个因素：内在因素和外在因素。

内在因素是指商务谈判中谈判人员的各种需要。

外在因素是指商务谈判中人体之外的各种刺激，如优雅的环境，对话者的语言、表情，对方的报价、立场等。

2. 商务谈判动机的类型

（1）经济型动机。此类动机是指谈判人员在谈判中为获取经济利益而产生的内部驱动力。

（2）冲动型动机。具有此类动机的谈判者在谈判行为上常受情绪等因素的影响，有时会出现冲动的行为。

（3）疑虑型动机。具有此类动机的谈判者，因疑心和忧虑，其谈判行为往往谨小慎微。

（4）冒险型动机。此类动机是指谈判者因喜欢冒险去追求较为完美的谈判成果而形成的谈判动机。

10.3 商务谈判人员的个性心理特征

个性心理特征简称个性，是人的多种心理特征的一种独特的组合[①]，包括气质特征、

---

① 黄希庭：《心理学导论》，6页，北京，人民教育出版社，1991。

性格特征、能力特征。

商务谈判人员是商务谈判的主要参与者，其个性对商务谈判的方式、风格、成效都有着较大的影响。

10.3.1 气质

这里气质的含义不同于人们生活中常说的“某人很有气质”中的“气质”，后者是指一个人的风度、神采，而前者指的是人生来就具有的一种稳定的心理特征。人的这种具有先天性的气质是有个体差异的，其差异是由于人的神经类型的差异造成的。

具体一点说，气质是指人的心理的动力方面特征的总和。它决定着人的心理活动进行的速度、强度、指向性等方面。

人的气质类型通常分为4种，即多血质、胆汁质、黏液质和抑郁质，但除了少数人具有4种类型的典型特征外，大多数人属于中间型或混合型。[①]

出于谈判的需要，要根据对方谈判人员的气质类型来选择己方谈判人员和采取相应的谈判策略。如谈判对手属于胆汁质，因这类人急躁、外向，可以采取“马拉松”的战术，避其锐气，攻击弱点，以柔克刚。

10.3.2 性格

性格是个人对现实的稳定的态度和习惯化了的行为方式。[②] 如对一个人的性格可以做这样描述：在各种场合对同事、朋友等都做到热情、和气、与人为善；在工作、生活中能够严于律己、宽以待人；遇事镇静稳健，甚至能够做到临危不惧、处变不惊；等等。相反的，另一个人的性格可以描述为：在各种场合总以尖酸刻薄、求全责备的态度对待他人；生活、工作中总是自高自大、目中无人；在对人对己的要求上是宽己严人；遇事则优柔寡断、鼠目寸光；等等。

如果以心理机能来对性格进行分类，可以把性格分为理智型、情绪型和意志型。[③] 性格为理智型的人依靠冷静、缜密的逻辑思考而行事，以理智来支配自己的行为，一般不会做出冲动、狂热或歇斯底里的举动。性格为情绪型的人不喜欢和不善于思考，往往“跟着感觉走”，常凭当时的情感、情绪行事，既不尊重客观规律，也无推理和预测行为后果的意识。性格为意志型的人目标明确、意志顽强、行为主动，做任何一件事情一般都有很强的目的性，而且在行动中表现得很执著，有一种不达目的誓不罢休的劲头。

一位成熟的富有经验的谈判者，在面对不同性格类型的谈判对手时，往往会采用不同的谈判策略。

面对理智型谈判对手，我们应把洽谈的重点放在对双方利益关系的解析上，可以多强调双方的共同利益，多商讨能够增加共同利益的问题解决方案。对于双方的利益分割办法，也要和对方进行充分的讨论，做到条分缕析、毫不含糊，以免引起对方的猜疑。总之，对待理智型谈判对手的策略可以概括为：开诚布公，以理服人。

面对情绪型谈判对手，我们在谈判过程中要做到热情、友好而又彬彬有礼，可以多提

---

① 黄希庭：《心理学导论》，656页，北京，人民教育出版社，1991。

② 同上书，665页。

③ 同上书，676页。

及双方的良好关系，回顾双方以前的友好交往（如果双方有过友好交往的历史）。此外，需要严格规范和约束自己的言行，切忌因自己的怠慢或其他无礼行为而冒犯对方。

面对意志型谈判对手，我们需要做好打“持久战”的思想准备，谈判过程中要做到坚忍不拔、百折不挠。因其目标明确，我们可以为其拟定一份详尽的问题解决方案，以便让对方对合作充满信心。

10.3.3 能力

为了能顺利地开展谈判活动，商务谈判人员必须具备一定的谈判能力。

1. 谈判能力的含义

能力是人顺利完成各种活动必须具备的个性心理特征。[①] 能力可以分为一般能力和特殊能力两大类。一般能力又称智力，是指多种活动所必需的能力，记忆能力、观察能力、想象能力、思维能力等都属一般能力，通常用智力商数来测量。特殊能力是指在专业活动中所需要的能力，如数学能力、专业鉴赏能力、谈判沟通能力、组织管理能力等。

谈判能力是谈判人员具有的可以促使谈判活动顺利完成的个性心理特征。

2. 商务谈判人员应具备的能力

商务谈判中“讨价还价”的结果，既取决于双方的实力对比，也与双方谈判人员心理特别是能力上的较量有关。为适应较量的要求，谈判人员应具备以下的能力：

(1) 观察能力。观察是人的有目的、有计划、系统、比较持久的知觉活动。较强的观察能力有助于人们认识事物的本来面目，比如通过察言观色，捕捉某些“蛛丝马迹”，洞察一个人的心理状态。

谈判人员必须具备良好的观察能力，才能在商务谈判中做到明察秋毫，审时度势，抓住机会，规避风险，沿着正确的方向把谈判推向前进。

(2) 判断能力。作为思维的基本形式之一，判断是指肯定或否定某种事物的存在，或指明其是否具有某种属性的思维过程。有着突出判断能力的谈判人员能够通过对事物现象的观察分析，由此及彼，由表及里，去粗取精，去伪存真，排除各种假象的干扰，发现事物的本质；能够及时洞察谈判中存在的问题，预见谈判发展的方向。

(3) 决策能力。决策是指为了达到一定目标，采用一定的科学方法和手段，从两个以上的方案中选择满意方案的过程。谈判过程中，谈判人员尤其是主谈会遇到许多需要做出决策的情境。谈判人员提高决策能力的途径有两条：一是学习科学的决策方法，二是在谈判实践中总结、积累决策经验。

(4) 语言表达能力。谈判作为一种商务沟通活动，离不开语言这一基本工具。因此，谈判人员必须提高自己的语言表达能力。

提高的途径有：1) 在语言表达的规范性、逻辑性、准确性、艺术性等方面提升自己；2) 注意合理使用肢体语言，以增强沟通效果。

(5) 应变能力。所谓应变能力，是指人对异常情况的适应和应对的能力。商务谈判活动具有较大的不确定性，这就要求商务人员既要有应对不确定性的准备，又要具备临场应变的能力。

---

① 黄希庭：《心理学导论》，599页，北京，人民教育出版社，1991。

10.4 商务谈判中的感觉和知觉

人对客观现实的反映，是从感觉和知觉开始的。感觉和知觉是具有密切关联的心理现象，都是人的大脑对作用于人的感觉器官的外界事物的反映。

利用感觉和知觉为商务谈判服务，是对谈判人员从事商务谈判的基础性要求。

10.4.1 感觉

感觉是人的大脑凭借感官对事物个别属性（如颜色、声音、软硬、粗细、重量、温度、味道、气味等）的反映，是人对客观事物认识的最简单形式，也是一切复杂心理活动的基础。人们通过感觉，获得对客观事物的有关信息，然后在这些信息的基础上，经过复杂的心理活动，获得对客观事物的更深入、更全面的认识。

知识链接

1954 年，加拿大麦克吉尔大学的心理学家首先进行了“感觉剥夺”实验：实验中给被试者戴上半透明的护目镜，使其难以产生视觉；用空气调节器发出的单调声音限制其听觉；手臂戴上纸筒套袖和手套，腿脚用夹板固定，限制其触觉。实验中被试者每天可以得到 20 美元的报酬。

实验刚开始，被试者还能安静地睡着，但稍后，被试者开始失眠，不耐烦，急切地寻找刺激，他们想唱歌，打口哨，自言自语，用两只手套互相敲打，或者用它去探索这间小屋。几小时后开始感到恐慌，进而产生幻觉……在实验室连续待了三四天后，被试者产生了许多病理心理现象：出现错觉幻觉；注意力涣散，思维迟钝；紧张、焦虑、恐惧等，实验后需数日方能恢复正常。

这个实验说明，来自外界的刺激对维持人的正常生存是十分重要的。

资料来源：http://wenku.baidu.com/view/41670af34693daef5ef73dcb.html。

商务谈判人员必须注重运用自己的感觉器官去获取有关的信息，如商品的外观、质地，谈判对手的一颦一笑等。

10.4.2 知觉

知觉是人对事物各种属性所构成的整体的反映。如我们感觉到梨的颜色、滋味、平滑度、软硬度、温度、大小和形状，在综合这些方面的基础上构成了我们对“梨”的整体的印象，这就是我们对梨的知觉。知觉对客观事物的反映不是消极的和被动的，而是一种积极能动的认识过程。

人的知觉存在有一些习惯，如首因效应、晕轮效应等均是这些习惯的表现。知觉习惯有助于提高人们的知觉效率，但也会导致各种偏见。

人与人第一次交往中留给对方的印象被称为第一印象。在社会心理学中，由于第一印象的形成所导致的在总体印象形成上最初获得的信息比后来获得的信息影响更大的现象，称为首因效应。第一印象的形成主要取决于人的仪表、服饰、言谈和举止。在正常情况下，仪表端庄、服饰得体、言谈文雅、举止大方的人容易给人留下良好的第一印象。

因此，商务谈判者必须重视谈判双方的初次接触，努力在初次接触中给对方留下好的印象，赢得对方的好感和信任；同时，也要注意在初次接触后对对方多作些了解，以免被首因效应所“蒙蔽”。

晕轮是指由于悬浮在大气中的冰晶把太阳光或月光折射或反射的作用，太阳或月亮周围有时会出现的一种光圈，这种光圈使太阳或月亮看上去好像扩大了许多。晕轮效应也叫以点概面效应，它是指人们对一个人的某个品质特征有了非常深刻的知觉后，这种知觉的结果就会影响到人们对这个人其他品质特征的感知与判断，甚至影响对这个整体的判断。例如，当一个人的某种品质给人留下非常好的印象后，在晕轮效应的作用下，人们对这个人的其他品质往往也会给予较好的评价。

案例

俄国著名的大文豪普希金曾因晕轮效应的作用吃了大苦头。他狂热地爱上了被称为“莫斯科第一美人”的娜坦丽，并且和她结了婚。娜坦丽的容貌美丽惊人，但与普希金志不同道不合。当普希金每次把写好的诗读给她听时，她总是捂着耳朵说：“不要听！不要听！”相反，她总是要普希金陪她游乐，出席一些豪华的晚会、舞会，普希金为此丢下创作，弄得债台高筑，最后还为她决斗而死，使一颗文学巨星过早地陨落。在普希金看来，一个漂亮的女人也必然有非凡的智慧和高贵的品格，然而事实并非如此。

资料来源：http://zhidao.baidu.com/question/300457397.html。

从某种意义上说，晕轮效应在谈判中无时无刻不在发挥着作用。比如，如果谈判一方在某个方面给另一方留下了良好的印象，那么他提出的要求、建议就容易引起对方积极的响应。相反，如果对对方某方面印象不好，则他提出的即使是对双方有益的建议也可能会被怀疑和否定。

10.5 商务谈判情绪

商务谈判情况复杂多变，谈判双方的情绪也随之波动，任情绪在谈判场上像脱缰的野马一样随意狂奔，使谈判过于情绪化，无益于谈判。作为谈判一方，为使商务谈判能按预期的方向发展，就须运用相应的措施，对双方的商务谈判情绪进行有效的调控。

10.5.1 商务谈判情绪的概念

情绪是人脑对客观事物与人的需要之间关系的反映。它是人在认识客观事物的基础上，对客观事物能否满足自己的需要而产生的一定态度体验。人的情绪对人的活动有着相当重要的影响。你能识别图 10—1 中不同的情绪吗？一个人只有敏锐地知觉他人情绪，善于控制自己情绪，才更容易取得事业上的成功。

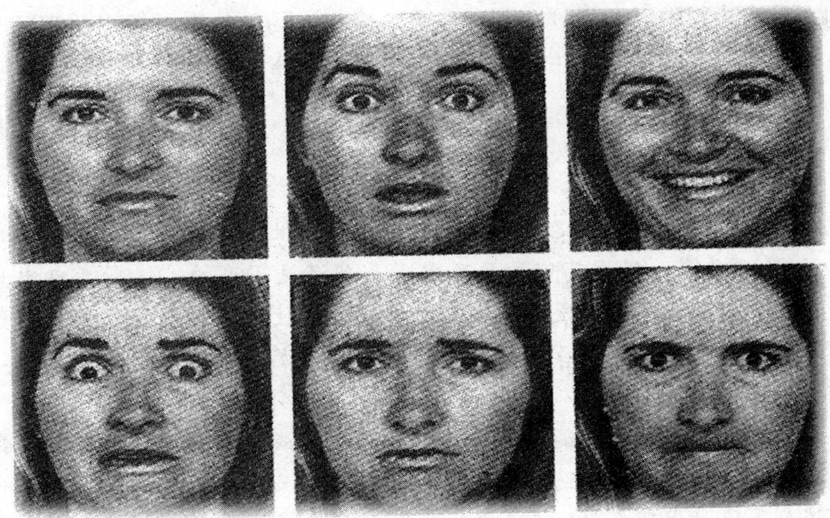

图 10—1　不同的情绪在面部的体现

资料来源：[美] 斯蒂芬·P·罗宾斯，玛丽·库尔特：《管理学》，7 版，299 页，北京，中国人民大学出版社，2004。

商务谈判情绪是指参与商务谈判各方人员的情绪状态和情绪过程。在商务谈判过程中，双方由于存在着利益的争夺，双方谈判人员的情绪很难保持平静安详。反常的或过度波动的情绪对谈判而言无疑是有害的。因此，为使商务谈判能按预期的方向发展，使双方各自的谈判目标得以实现，谈判双方均须对各自的情绪进行有效的调控。

10.5.2　商务谈判情绪的调控

情绪调控应遵循的原则：

(1) 保持冷静、清醒的头脑。即保持自己敏锐的观察能力、理智的思辨能力和言语行为的调控能力。当发现自己的心绪不宁、思路不清、反应迟钝时应设法暂停谈判，通过休息、内部相互交换意见等办法使自己恢复到良好的状态。

(2) 始终秉持正确的谈判动机。商务谈判追求的是利益，而不是追求虚荣心的满足或立场争执中的胜利，要防止因对手的挖苦、讽刺或恭维而迷失了方向。

(3) 将人和事分开。处理问题遵循实事求是的客观标准，避免为谈判对手真真假假、虚虚实实的手腕所迷惑，对谈判事务失去应有的判断力。

10.5.3　商务谈判情绪策略

谈判人员不仅可以对自己的情绪加以调整，还可以对谈判对手的情绪施加影响以达到一定的目的，如运用攻心术或红白脸策略来影响对方情绪。

(1) 攻心术。攻心术是指谈判一方通过采用一定措施扰乱对方情绪而迫使对方妥协退让的策略。常见的形式有以下几种：1) 以愤怒、指责破坏对方情绪，增大对方的心理压力。2) 以人身攻击破坏对方情绪，甚至借以使对方丧失理智。3) 以“诉苦”等手段赢得对方同情。4) 以恭维、赞美等手段讨好对方，使对方在高涨的情绪下做出让步。

(2) 红白脸策略。红脸策略是指谈判人员以热情、友好的态度进行谈判，使对方处于积极的愉悦的情绪之中，因而对自己产生好感与信任。白脸策略是指为了实现己方的谈判目标，谈判人员在谈判中表现强硬，固守自己的谈判立场，几乎不做出任何让步。红脸策略和白脸策略会对对方的情绪产生截然不同的影响，经常在一场谈判中联合使用。

案例

有一次，性情古怪、易怒的亿万富翁休斯为购买大批飞机一事与飞机制造厂谈判。休斯事先列出了34项要求，对于其中的几项要求是非满足不可的。休斯亲自出马与飞机制造厂厂商进行谈判。由于休斯脾气暴躁、态度强硬，致使对方很气愤，谈判气氛充满了对抗性。双方都坚持自己的要求，互不相让，斤斤计较，尤其是休斯蛮横的态度，使对方忍无可忍，谈判陷入僵局。

事后，休斯感到自己没有可能再和对方坐在同一个谈判桌上了，他也意识到自己的脾气不适合这场商务谈判。于是他选派了一位性格较温和又不乏机智的人做他的代理人去和飞机厂代表谈判。他对代理人说："只要能争取到那几项非得到不可的要求我就满足了。"出乎意料的是，这位谈判代表经过一轮谈判就争取到了休斯所列的34项要求中的30项，这其中自然包括那几项必不可少的要求。休斯惊奇地问他靠什么"武器"赢得了这场谈判。他的代理人回答说："这很简单，因为每到相持不下时，我都问对方'你到底希望与我解决这个问题，还是留待休斯跟你们解决?'结果对方无不接受我的要求。"

上述这一谈判就是巧妙运用了红白脸策略。在谈判中休斯演"白脸"，休斯的那位代理人演"红脸"，两人一硬一软，轮番上阵，最终达成谈判的目的。

资料来源：http://www.chinabuy.ws/read.asp? id=39953。

10.6 商务谈判中的心理挫折

10.6.1 心理挫折的含义

心理挫折是人们在追求目标实现的过程中遇到自觉无法克服的障碍时产生的一种紧张、焦虑、沮丧或失意的心理状态。在商务谈判中，心理挫折会给谈判人员带来紧张、焦虑、沮丧或失意的情绪，这种情绪如果未得到有效控制，就会影响自己谈判水平的发挥及与对方的关系，就会破坏谈判气氛，容易导致谈判的中止甚至破裂。

10.6.2 心理挫折的行为表现

心理挫折会使谈判人员产生紧张不安的情绪，进而引发行为上的异常，这些异常行为包括：

(1) 攻击。攻击是人在遭受挫折时最易表现出来的行为，即将受挫折时产生的生气、愤怒的情绪向人或物发泄。攻击行为可能直接指向阻碍人们达到目标的人或物，也可能指向其他的替代物。

(2) 退化。退化是指人在遭受挫折时所表现出来的与自己年龄不相称的幼稚行为。例如情绪上失控，出现孩子似的无理智行为。

(3) 病态的固执。病态的固执是指一个人明知从事某种行为不能取得预期的效果，但仍不断重复这种行为的行为表现。

(4) 畏缩。畏缩是指人受挫折后失去自信，消极悲观，孤僻不合群，易受暗示，盲目顺从的行为表现。

10.6.3 心理挫折的预防和应对

一帆风顺的谈判毕竟是极少数，大多数商务谈判经常会遭遇困难和挫折。面对这些困难和挫折，谈判人员难免会心生焦虑，严重的可能会形成心理挫折。心理挫折会引发和加重情绪上的沮丧，使谈判人员滋生对谈判对手的敌意，容易给谈判带来不良的影响。因此，谈判人员应积极寻求化解己方及对方心理挫折的办法。

1. 心理挫折的预防

(1) 消除引起客观挫折的原因。人的心理挫折是伴随着客观挫折的产生而产生的。如果能减少引起客观挫折的原因，人的心理挫折就可以减少。

(2) 提高心理素质。有着坚强意志品质的人能承受较大的客观挫折，不太容易产生心理挫折。

因此，为了预防心理挫折的产生，从主观方面来说，就要尽力提高谈判人员意志品质，提高对客观挫折的容忍力。

2. 心理挫折的应对

在商务谈判中，不管是己方人员还是谈判对方产生心理挫折，都不利于谈判的顺利开展。为了使谈判能顺利进行，对心理挫折应积极应对。

(1) 要勇于面对挫折。常言道"人生不如意事十有八九"，这对于商务谈判来说也是一样，商务谈判往往要经过曲折的谈判过程，通过艰苦的努力才能到达成功的彼岸。

(2) 摆脱挫折情境。遭受挫折后，当商务谈判人员无法再面对挫折情境时，可通过脱离挫折的环境情境、人际情境或转移注意力等方式，让自己糟糕的情绪得到修补。美国著名成人教育学家、心理学家戴尔·卡耐基就曾建议人们在受到挫折时用忙碌来摆脱挫折情境，驱除焦虑的心理。

(3) 情绪宣泄。情绪宣泄是一种利用合适的途径、手段将挫折的消极情绪释放排泄出去的办法。情绪宣泄有助于维持人的身心健康，形成对挫折的积极适应，并获得应对挫折的适当办法和力量。

情绪宣泄有直接宣泄和间接宣泄的办法。直接宣泄有流泪、痛哭、怨气发泄等形式。间接宣泄有活动释放、诉说等形式。

10.7 谈判期望

10.7.1 什么是谈判期望

期望产生于需要，是对满足需要的期待。谈判期望是指商务谈判者希望在一定时间内达到一定的谈判目标的心理活动。

谈判期望是有方向和目标的，其强弱与目标价值的高低有密切的联系。一般而言，谈判期望是谈判者根据自己以往经验对达到目标的可能性进行分析判断后形成的。

此外，谈判者认为达到目标的可能性越大，则其期望也就越大。

谈判期望对于调动谈判者的积极性有着重要的影响。美国心理学家弗罗姆提出来的期望理论对此作了阐述。他认为：激励力＝期望值×效价。激励力指的是人们受到激励的程度。期望值是人们根据经验判断出的达到目标的概率。效价是达到目标对于满足个人需要的价值。

10.7.2 对谈判期望心理的应用

应用谈判期望心理，可以激励谈判者，调动其积极性，推动谈判向成功迈进。

1. 应用于己方

谈判的领导者要设法让己方参谈人员既要认识到本次谈判的价值及意义，又要使之对谈判成功充满信心，即对谈判成功的概率有着乐观的估计。只有这样，己方的谈判人员才会精神饱满、信心十足地投入到谈判中去，为谈判的成功做出自己应有的贡献。

2. 应用于对方

对方人员的积极性的高低也会影响谈判的结果。己方要提高他们的谈判积极性，也须从期望值和效价两方面做文章。

为提高对方的期望值，己方人员自始至终都要表现出诚意，并通过一定途径展示己方的信誉。合作的诚意与“言必信，行必果”的信誉会增大对方估算出的谈判成功概率，即期望值。

在提高效价方面，己方也可以有所作为。一个成功的商务谈判人员，要善于判断出哪些条件是对方最关心、最期望的，哪些是对方不那么看重的。谈判要在那些对方最为看重而己方不太看重的条件上做出让步，以便在提高对方效价的同时不至于过多地增加己方成本。当对方认为己方所提目标效价太低时，可另提一个对方认为更有价值的目标，以激发对方的谈判动机。

课堂练习

[单项选择题]

1. 美国人本主义心理学家马斯洛将人类需要分五个层次，其中最高级的需要层次是（　　）。

A. 生理需要　　B. 安全需要
C. 归属和爱的需要　　D. 自尊的需要
E. 自我实现的需要

2. 谈判对手对于目标的估计价值越________，目标能实现的概率越________，则激发的力量越________。正确的答案应该是（　　）。

A. 大、低、大　　B. 大、高、大
C. 大、高、小　　D. 大、低、小

3. 谈判人员精力和注意力的变化是（　　）。

A. 有规律性的　　B. 无规律性的
C. 有次序性的　　D. 不可控的

4. 谈判对手在谈判过程中，情绪容易激动，滥施压力，几乎没有让步的余地，更不愿意拖延谈判时间，不渴求在本局谈判中达成协议，更愿意在不同的对手之间择优而定。

这种谈判对手的谈判作风属于（　　）。

A. “强硬型”谈判作风　　B. “软弱型”谈判作风

C. “阴谋型”谈判作风　　D. “不合作型”谈判作风

5. 谈判者在谈判过程中往往不采用正面对抗来实现自己的目的，通过心理战术、说谎等手段施加各种有形和无形的压力来使对方不知所措或误入圈套，从而获得一些靠正常渠道很难得到的实质性收获。这种谈判者的谈判作风属于（　　）。

A. “强硬型”谈判作风　　B. “软弱型”谈判作风

C. “阴谋型”谈判作风　　D. “不合作型”谈判作风

6. 商务活动中的服装选择较为（　　）色彩是比较恰当的，这些颜色会给人一种踏实、端庄、严肃的印象。

A. 鲜艳的　　B. 深沉的　　C. 浅淡的　　D. 活跃的

7. 在谈判中，热情直率、有一定冒险精神、精力旺盛、易感情冲动的谈判者，属于（　　）。

A. 多血质型　　B. 黏液质型

C. 胆汁质型　　D. 抑郁质型

8. 研究和学习商务谈判心理对商务谈判的作用很大，但不包括（　　）。

A. 有助于培养谈判人员自身良好的心理素质

B. 有助于揣摩谈判对手心理，实施心理诱导

C. 有助于恰当地表达和掩饰己方心理

D. 有助于营造谈判氛围

E. 有助于在和对方的利益争夺中占据优势

9.（　　）是人脑对生理需求、社会需求等客观需求的主观反映。

A. 需要　　B. 欲望　　C. 动机　　D. 期望

10.（　　）通常表现出温和友好、通情达理的谈判态度。

A. 白脸　　B. 红脸　　C. 蓝脸　　D. 绿脸

11. 谈判者遭受心理挫折后的行为表现通常不会是（　　）。

A. 攻击　　B. 退化　　C. 自信得体　　D. 病态的固执

E. 畏缩

课后作业

[简答题]

1. 如何运用期望心理来进行商务谈判？

2. 商务谈判的基础是什么？如何利用此基础来开展商务谈判？

3. 人的知觉习惯对谈判会产生什么具体影响？

4. 什么叫需要？人有哪五个层次的需要？谈判者这五个层次的需要通常有哪些具体表现？

5. 举例说明研究和掌握商务谈判心理有什么作用。

6. 结合自身体会谈谈如何预防和应对心理挫折。

7. 人的相同心理反应的身体语言是否会因文化差异而有所不同？请举例谈谈。

[案例分析]

案例一 欲擒故纵，声东击西

刘某要在出国定居前将私房出售，经过几次磋商，他终于同一个外地到本城经商的张某达成意向：20万元，一次付清。后来，张某看到了刘某不小心从皮包中落出来的护照等文件，他突然改变了态度，一会儿说房子的结构不理想，一会儿说他的计划还没有最后确定，总之，他不太想买房子，除非刘某愿意在价格上作大的让步。刘某看穿了对方的心思，不肯就范。双方相持不下。

当时，刘某的行期日益逼近，另寻买方已不太可能，刘某不动声色。当对方再一次上门试探时，刘某说："现在没有心思跟你讨价还价。过半年再说吧，如果那时你还想要我的房子，你再来找我。"说着还拿出了自己的飞机票让对方看。张某沉不住气了，当场拿出他准备好的20万元现金。其实，刘某也是最后一搏，他已经做了最坏的打算——以15万元成交。

资料来源：http://www.doc88.com/p-74562785965.html。

问题：试描述刘某和张某在这次房屋买卖中的心理博弈过程。

案例二

朝鲜战争激烈进行的同时，朝鲜人民军和中国人民志愿军为一方与打着"联合国军"旗号的美国军队在板门店举行了一场史上罕见的停战谈判，历时两年零十几天，两易谈判地点，5次中断，共开了58次双方代表团大会，733次各种小会。

一天，谈判中出现了罕见的僵局，双方都在等待对方开口，却又谁也不开口。沉默，沉默……空气仿佛凝固了一般，整整沉默了132分钟，这大概是谈判史上无言相对最长的时间纪录了。

我方代表团秘书长柴成文，悄悄起身走出会场，来到谈判大厅旁边的一座帐篷里，那里坐着一个留着小胡、戴着眼镜的中年人，他就是谈判代表团党委书记李克农将军。这时，他正坐在桌前沉思，一支接一支抽烟，茶杯里的水已喝干，和谈判桌上的气氛很相似。柴成文来到李克农身后，扶住椅背，在他耳边急促吐出三个字："怎么办?"

李克农一言不发，从笔记本上撕下一张小纸条，写下三个字："坐下去。"柴成文悄悄回到座位上，将攥在手心里的小纸条，偷偷地一个个代表传了下去，短短几分钟，中朝谈判成员脸上的表情变了，由焦躁不安变为沉稳而又笃定，一个个沉下心来，挺直腰板，稳稳地坐在那里，化为一尊尊石像一般。

美方再也无法忍耐这难堪、沉闷、压抑的沉默了，马拉松式的耐心竞赛终于见了分晓，美方代表首先宣布：休会，退席。

美方代表一回到住所，把公文包一扔，就叫出声来："哎呀，上帝！我以为我麻木的双腿再也不会复活了，这该死的谈判像是一个世纪那样漫长。"

第二天轮到中朝代表主持会谈，中国人也有以快制胜的绝招。

朝鲜首席代表宣布会议开始，双方代表刚刚落座，中国代表随即宣布休会，只用了25秒，弄得美国人频频耸肩晃脑，连声“NO，NO”，一副惊讶莫名之状。

资料来源：http://doc.mbalib.com/view/05b544addcf6645d5fb219051b176fcA.html。

问题：我方靠什么在两场谈判中取得了成功？

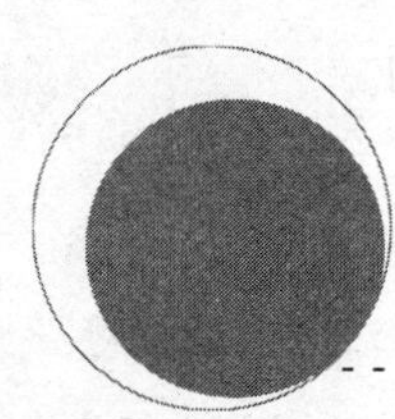

第 11 章 商务谈判礼仪

教学目标

掌握商务谈判礼仪的一般要求；掌握商务谈判过程中的礼仪要求。

教学内容

11.1　商务谈判礼仪的一般要求

在商务谈判中，礼仪可以增加谈判人员的魅力，有助于营造良好的谈判氛围。商务谈判礼仪的一般要求主要体现在谈判人员的着装、举止和言谈等方面。

11.1.1　谈判人员的着装

商务谈判中谈判人员一般穿着春秋季服装或夏季服装，因为即使在寒冷的冬季，谈判人员一般也不会选择相对臃肿的冬季服装。

1. 中青年男性着装

(1) 春秋季着装。中青年男性谈判人员在春秋季可选择的服装有西装、中山装、两用衫和夹克衫。

西装一般适用于较高级别的和较重要的谈判。穿着西装时要注意，西装与衬衣、领带的颜色要有较大的反差，因为这样给对方留下的印象就比较深刻。

与西装相比较，中山装显得更为庄重，因此一般比较适合谈判中的主要人物。

两用衫和夹克衫适用于一般性的谈判，但穿着时也要做到合体——过紧，穿者就会显得不够严肃和庄重；过于宽大，穿者的形象就会显得有些滑稽。

(2) 夏季着装。夏季可供中青年男性选择的服装有长袖或短袖衬衫、长裤和单西装。

单西装适用于重要谈判，尽管天气可能比较热，穿着时也需要打上领带。

长袖或短袖衬衫适用于一般性谈判，要求扎在长裤内，同时也需要打上领带。

2. 老年男性着装

(1) 春秋季着装。老年男性谈判人员在春秋季可选择的服装一般有西装、中山装、夹克衫等。

老年男性穿着西装应着力体现出稳健、平和、慈祥和宽厚的人格特征。要实现这一点，关键是要选择好西装、衬衫及领带各自的式样与颜色，更要注意它们之间的搭配。

老年男性穿着中山装更能凸显其庄重、稳健与宽厚。相对于西装，中山装对质地的要求更高，质地有一定差别的两件中山装，其穿着效果往往会大相径庭。

无论是穿西装，还是穿中山装，老年男性在追求稳健、庄重效果的同时，也要避免给人留下暮气沉沉、缺乏朝气的印象。

在不太重要或比较轻松的谈判中，老年男性也可穿着比较随意和宽松的夹克衫。

(2) 夏季着装。可供老年男性选择的夏季服装种类与中青年男性相同。对于较为重要的谈判，一般以西装为主，颜色上追求庄重、和谐。

3. 中青年女性着装

中青年女性谈判人员着装的目的是表现出自己的自信与自尊，以及对美的适度追求。

(1) 春秋季着装。中青年女性谈判人员在春秋季可选择的服装有西装、毛衣外套、两用衫和西装裙。

西装和西装裙适用于正式谈判场合。对于一般性谈判，中青年女性可穿着两用衫或毛衣外套。在颜色上，可适当明亮些，但避免出现色彩斑斓、珠光宝气的效果。

(2) 夏季着装。中青年女性谈判人员在夏季能够穿着的服装种类可谓丰富多彩，包括：长、短袖衬衫配裙子或裤子；连衣裙；西装；西装套裙等。尽管在谈判场合，中青年女性亦可适度展现其风姿与风采。中青年女性谈判人员夏季着装的禁忌是：穿着暴露，色彩过于艳丽，饰物过多等。

4. 老年女性着装

(1) 春秋季着装。春秋季可供老年女性谈判人员穿着的服装种类与中青年女性相同，区别在于中青年女性服装的颜色相对较为明亮，式样风格更为活泼，而老年女性谈判人员的服装颜色要求相对较深，式样也要求更为稳健和庄重。

(2) 夏季着装。与中青年女性谈判人员夏季服装种类的丰富相比较，老年女性的选择较少，表现为可选的服装颜色少，式样也比较有限。

老年女性在夏季着装上要表现出自己的成熟与稳重，最忌与年轻女子比“娇”与“俏”，更不能忘记自己的年龄去“扮嫩”。不过，老年女性谈判人员的着装可以相对更为“隆重”一些，如可佩带更为昂贵的饰物。

11.1.2 谈判人员的举止

谈判人员的举止是指其在谈判过程中的站、坐、行、握手等各种姿势。俗话说“坐有坐相，站有站相”，所以谈判人员在谈判过程中必须注意自己的举止。

1. 站姿

商务谈判中，正确的站姿能给对方留下精力充沛、态度积极、坦诚自信的印象。

正确站姿的动作要领：脚跟、小腿、臀、肩胛骨、头在一条线上，臀部收紧，脊背挺直，立腰立颈，挺胸收腹，头正目平，下颌微收，面带微笑，两臂自然下垂，两腿相靠直立，两脚靠拢，女士脚跟并拢，男士双脚微分但不超过肩宽。

常见的站姿错误有：(1) 身体歪斜，如头偏、肩斜、身歪、腿曲等。(2) 脚、手放置位置不当。(3) 站立时出现趴、伏、倚、靠等行为。

2. 坐姿

正确的坐姿可以展现谈判人员优雅的气质和良好的教养。

正确坐姿的动作要领：腰背挺直，肩放松。双手自然放在膝盖上或椅子扶手上。两腿自然弯曲，小腿与地面基本垂直，两脚平落地面，女士应两膝并拢；男士膝部可分开一些，但不要过大，一般不超过肩宽。不论何种坐姿，上身都要保持端正，如古人所言的“坐如钟”。身体一般只占用座位的2/3。入座和起座时轻而缓。

常见的坐姿错误有：(1) 入座时动作过大，甚至弄得桌椅乱响。(2) 两脚分开，呈八字形。(3) 前俯后仰。(4) 腿部不自觉地抖动。(5) 上身前倾。(6) 手托下巴。(7) 整理衣服、头发。(8) 做出一些小动作，如抠鼻子、摸耳朵、摆弄东西等。

3. 行姿

正确的行姿能够向对方谈判人员传递稳健、自信等正面信息。

正确行姿的动作要领：轻而稳，胸要挺，头要抬，肩放松，两眼平视前方，面带微笑，自然摆臂，尽量走直线。

常见的行姿错误有：(1) 眼睛左顾右盼。(2) 身体左摇右晃。(3) 垂头俯身。(4) 多人行走时，排成横队，甚至勾肩搭背。(5) 未有突发事件而慌急奔跑。(6) 与人同行时过多地超前或落后。(7) 脚擦地面并发出响声。(8) 每行一步均做欲弹跳而起的动作。

4. 握手

握手看似简单，其中亦有学问，如在握手的力度、握手时间的长短、与多人握手的先后顺序、握手时的眼神等方面均有讲究。

在商务谈判中，如果某位对方谈判人员是自己的老朋友，则握手力度可以大些，以示见到故交后的兴奋与喜悦以及对对方的信任。在谈判取得突破性进展后，双方握手的力度也可大些，以表达信任与期望，同时包含有阶段性庆祝的意思。对于异性谈判人员，除非其为自己的老朋友，握手力度通常要小一些，当然也不能过轻——蜻蜓点水式的握手是不礼貌的。

握手时间的长短要因人、因情境而异。与老朋友握手的时间要长一些。谈判取得突破性进展后，双方握手的时间也可长些。在谈判达成协议后双方则可以长时间地握手。

与多人握手可遵循尊者优先的原则。谈判时一方人员一般按照在谈判班子中的地位高低为排序标准进行排序，然后依次与对方人员一一握手，对方人员亦按同样的标准排序。

握手时眼睛应注视对方的眼睛，以示互为打开“心灵的窗户”。握手时如果左顾右盼、俯视地面、闭目养神，均为严重的失礼行为。

5. 手势

商务谈判人员可借助手势来补充或加强自己的表达。例如，可通过摇手表示不以为然；可通过举起手掌表示需要对方中止谈话；可通过竖起大拇指表示对对方意见和表现的赞成、赞许之意。

在运用手势时，须注意三点：第一，手势不可过多过滥，不要使用无谓的手势；第二，手势应规范，应符合约定俗成的要求，以确保对方能够理解而不会产生误解；第三，手势的幅度不可过大，做手势时如触及旁人则有粗鲁莽撞之嫌。

6. 眼神

眼睛是心灵的窗户，心灵是眼睛的灵魂，眼神则是眼睛放射的光芒。在谈判中，通过观察对方的眼神能够获取一些内心的想法；而通过自己的眼神，也可以向对方传递一些难以言表的信息，甚至取得一种“此时无声胜有声”的效果。

商务谈判中双方人员的眼神一般要平静、柔和，但出于谈判的需要，亦可把眼神当做一种谈判工具。如用强硬、坚定的眼神来表达己方誓不让步的决心，用傲慢、冷漠的眼神表达对谈判破裂的无畏，这些均有可能给对方心理造成压力，达到迫使对方让步的目的。

11.1.3 谈判人员的言谈

言谈即说话，是谈判双方进行沟通的主要方式。对言谈的要求体现在谈话距离、语句选择、声音大小和说话频率等方面。

1. 谈话距离

确定双方的谈话距离主要应考虑沟通的效果，即是否有助于双方进行信息的传递与情感的交流。

基于这一点，双方谈话的距离要做到适度，既不能过近，也不能过远。过近，可能会让对方感到不自在；过远，又可能会让对方感到受到了轻慢。

双方距离要符合谈判形势和谈判目标的要求。当出现分歧而己方又希望消除分歧时，一般不要拉开距离，因为这样传递出的信息是放弃谈判；而当局势出现好转后，可向前靠近说话，以使对方充分感受到己方的诚意。

2. 语句选择

在不同的情境下，针对不同的谈话主题和谈话对象，谈判人员应按照得体、适用的要求选择不同的语句。

得体意味着语句应能够为对方所理解和接受，并符合当时场合的通常要求。比如除非双方人员均为自己的同乡，并已约定或默认使用方言，否则就应尽可能地不使用方言；语句应尽量通俗易懂，万不得已时不要使用专业用语。

适用是指在语句选择上应符合谈判的需要，应有助于谈判目标的实现。

3. 声音大小

不能笼统地说谈判时声音应该大一些或小一些，也不能说大一些就是没有教养，小一些就是温文尔雅的体现。对于声音大小的选择关键还是依据场合的要求及谈判的需要。比如，在讲述全场人员均需接收的内容时声音就要大一些，以保证所有人都能听见。再如，在需要己方人员慷慨陈词、据理力争时，轻声细语、燕语莺声显然就是不合时宜的。

4. 说话频率

谈判人员在调整自己的说话频率时要遵循两方面的要求：一要适度，二要符合谈判的需要。

适度是指说话频率不可过快或过慢。过快，则说话如连珠炮，别人可能难以听清，谈话的内容往往也不被注意和重视。过快还易让对方认为是在争论甚至是在吵架，因而引起对方的敌对情绪。过慢也不可取，因一则会浪费时间，二则可能会让对方心生厌倦与反感。

符合谈判的需要是指说话频率要因谈判的不同阶段、当时的谈判状态而异。比如在开场陈述中谈到己方的基本立场时，说话频率需要放慢一些，以便让对方知晓己方立场并留下深刻印象。在商讨一些次要问题时，频率可适当加快，以保证在主要和重要议题上双方有充足的时间进行谈判。

11.2 商务谈判过程中的礼仪要求

11.2.1 迎送礼仪

迎来送往是商务谈判中不可缺少的活动，有一定的礼仪上的要求，包括迎接礼仪和送别礼仪。

1. 迎接礼仪

迎接是接待服务中最常见的礼仪活动。迎接活动的规格有高低，仪式有繁简，但几乎任何一次接待活动都不能缺少。中国人一向有迎接客人的传统，原因大概可以用“有朋自远方来，不亦乐乎”来解释。

（1）迎接准备。

1）确定迎接规格。确定迎接规格的依据主要有三个：前来谈判人员的身份和目的，双方的关系以及以往针对同类事务形成的惯例。

2）掌握对方谈判人员抵达的准确时间。迎接应当准确掌握对方人员所乘交通工具的航班号或车次以及抵达时间。

3）安排车辆。应根据对方人员和己方迎接人员的人数提前安排车辆。乘车座位安排应留有裕量。如果预计对方人员行李数量较多，应该安排专门的行李车。

4）安排住宿。为了提高迎接的效率和服务质量，应事先为对方人员安排住宿。在对方人员抵达后，要告知他们将要下榻的宾馆及房间号。

5）献花。如安排献花，须用鲜花，并注意保持花束整洁、鲜艳。献花者通常为儿童或女青年，送花的时机一般在参加迎接的主要领导人与客人握手之后。

（2）迎接流程。

1）接站。迎接人员应提前到达机场（码头或车站），以免因迟到而失礼。

2）介绍。主客双方见面时，应互相介绍。按通常礼仪，应先把主人介绍给对方人员，然后再把对方人员介绍给主人，介绍顺序以职务的高低为先后。介绍人可由双方职务最高者或工作人员担任。

3）提取、托运行李。如果对方人员行李较多，应安排专门工作人员负责清点、运送行李并协助对方人员办理行李的提取或拖运手续。

4）陪车去住地。在对方人员抵达机场（港口或车站）后，一般会安排迎接人员陪同乘车前往住地。按照礼仪规范，客人一般坐在主人的右侧。

5）在住地与对方人员简单交流。将对方人员送到住地后，迎接人员不宜马上离去（因这样为失礼行为），也不宜作长时间的停留（因对方人员一路奔波，可能会比较疲惫），而应稍作停留以陪客人进行简短的交流。分手时应将下次会面的时间、地点和联系方式告知对方。

2. 送别礼仪

中国人也非常重视对客人的送别，“送君千里，终须一别”道出了送别时的无奈，“劝君更尽一杯酒，西出阳关无故人”更是把送别时的离愁别绪刻画得淋漓尽致。在商务谈判中，与对方人员分别时虽然一般不会有这样的离别情愫，但送别的环节不可缺少。

如果对方人员为当地人，我方谈判人员一般需送到谈判场所门口，并目送对方离开。

如果对方人员为外地人，可在征求对方同意后提前为其预订机票、船票或车票。至于送别的规格，可与迎接的规格相一致。通常送别人员可前往对方人员住地，陪其一同前往机场、港口或车站。在有必要的情况下，可举行专门的欢送仪式。在对方人员登上交通工具前，我方送别人员应与对方人员握手话别。在交通工具启动后，送别人员应向对方人员挥手告别，并目送其渐行渐远，直至无法看清楚对方。

11.2.2 会面礼仪

会面礼仪是商务谈判中双方人员正式会面时要遵循的一些礼仪规范，包括称呼礼仪、介绍礼仪和名片礼仪等。

1. 称呼礼仪

称呼是指人们在人际交往中对某人的称谓。商务谈判中对对方人员的称呼必须符合一定的礼仪规范，因为这既是展示己方基本商务素养的需要，也是营造良好谈判气氛、促进谈判成功的需要。

商务谈判中常用的称呼方式有以下几种：

(1) 职务称呼。这是商务谈判中最常用的称呼。称呼时职务前一般加上姓氏，在非常正式的场合，需要在职务前面加上姓名全称。如果称呼对象为副职，除非在极正式的场合或其职务位于极高的级别层次，一般在称谓其职务时将“副”字省略。

(2) 职称或学位称呼。对无职务或职务较低而又具有中、高级职称者，可以职称相称，职称前一般加上其人的姓氏。如果称呼对象拥有博士学位，也可以以“姓氏＋博士”的方式称呼其人。

(3) 行业称呼。在商务谈判中，如果要称呼的对象从事特定的行业，则可以使用特定的行业称呼，如“王老师”、“张律师”、“李医生”等。

(4) 性别称呼。称呼从事商业、服务业的人士时，一般采用性别称呼，如“先生”、“小姐”或“女士”。“小姐”用来称谓未婚女性，“女士”既可以用来称谓已婚女士也可以用来称谓未婚女士。

在商务谈判中须避免使用一些不恰当的称呼，包括：生活中的一些尊称，如“大叔”、“大爷”、“大娘”、“大婶”等；一些俗称，如“兄弟”、“老大”、“哥们”等；不顾实际效果的简称，如将“上海测绘研究所所长”简称为“上测所所长”；一些带有地域色彩的称呼，如“师傅”、“伙计”等。

2. 介绍礼仪

介绍是人际交往中与他人建立联系的一种最基本的方式，也是商务谈判过程中一项不可缺少的环节。介绍包括以下两种类型：

(1) 自我介绍。自我介绍是主动或应别人要求，根据情境的需要对自己的某些情况做出介绍。做自我介绍时，在态度、言行举止上要做到自然、友好、稳健。

商务谈判情境中自我介绍的内容包括姓名、供职单位、职务（职称）等。姓名要用大名、全称，不能自称“小王”、“小李”、“石头”等。职务要使用正式组织中的职务名称，不能用与某人的关系代替，如“我叫王艳，是董事长的小姨子”。

（2）为别人介绍。在商务谈判中，为别人介绍分为两种情况：一种是对见面的双方均做出介绍，另一种是将其中的一方介绍给另一方。

介绍顺序应遵循“尊者优先了解、居后介绍”的原则，如先将男士介绍给女士；先把晚辈介绍给长辈；先把地位低者介绍给地位高者；先把新加入团体者介绍给团体其他成员。

在为别人做介绍时，应做到温文尔雅、落落大方。介绍到某人时，应先平举右手手掌指示其人，然后再开始介绍。

3. 名片礼仪

正确、规范地使用名片，有助于给对方留下良好的印象。

（1）递送名片。如果为双方交换名片，则递送的顺序为“客先主后，低先高后”，即客人先把名片递给主人，地位低者先把名片递给地位高者，男士先把名片递给女士。当需要向多人递送名片时，可依照地位高低顺序，或依照由近到远的空间顺序依次递送，以免有厚此薄彼之嫌。

向他人递送自己的名片时，应起身站立，面带微笑目视对方，双手捏住名片递向对方，同时口中说“请多关照”之类的客套话。注意递向对方的名片的方向应是方便对方阅读名片内容的方向。

（2）接受名片。一般情况下，接受名片时也须起身站立并微笑着双手接过名片，同时道声“谢谢”。接后应认真阅读名片，阅读完毕后可郑重地、小心地放入名片夹或西装左胸的内衣袋中。接下来如果自己随身携带了名片，即可回赠给对方一张；如果未带，应向对方说明并表示歉意。

11.2.3 位次礼仪

1. 谈判座次礼仪

在谈判场上，双方谈判人员通常相向坐于谈判桌的两侧，双方主谈分别坐在两侧的中间位置，组员坐在主谈的两侧。长方形桌、方桌、圆形桌和椭圆形桌均可作为谈判桌。商务谈判通常选择长方形桌作为谈判桌。

长方形桌的座次安排通常如图 11—1 和图 11—2 所示。

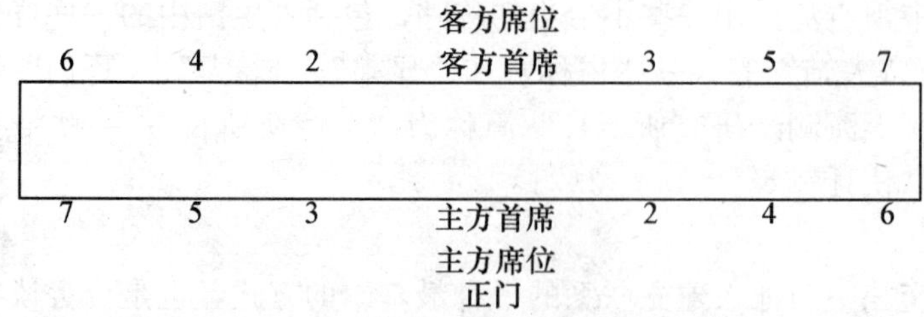

图 11—1 长方形桌谈判座次安排（1）

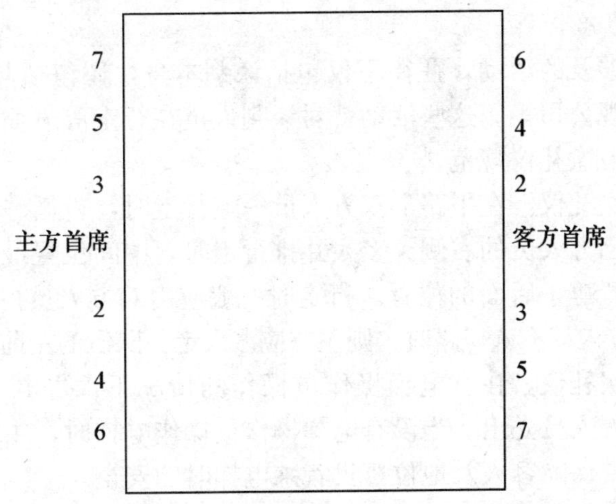

图 11—2　长方形桌谈判座次安排（2）

商务谈判也可选用圆形桌或方桌，其座次安排分别如图 11—3 和图 11—4 所示。

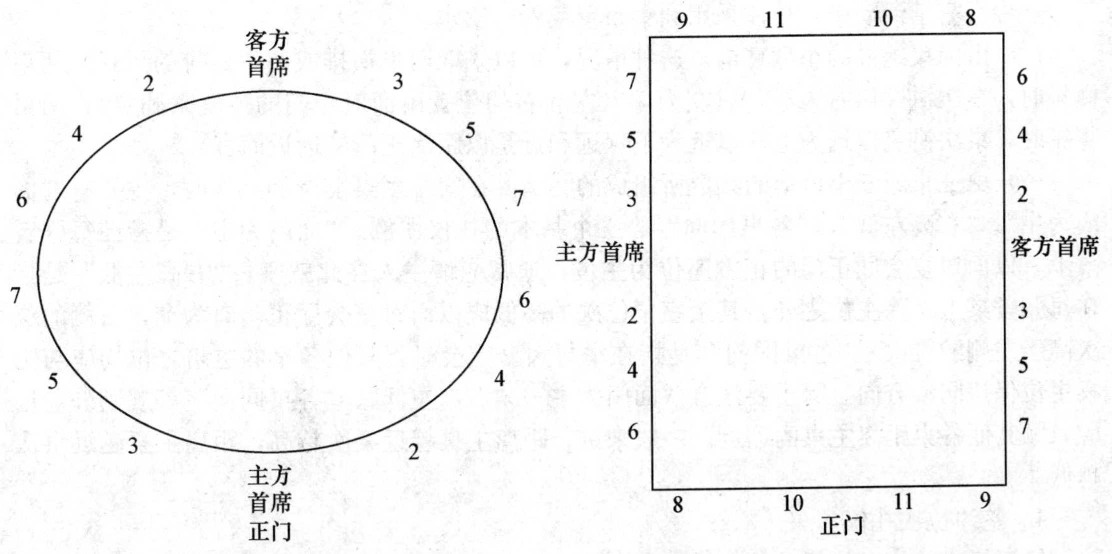

图 11—3　圆形桌谈判座次安排

图 11—4　方形桌谈判座次安排

图 11—3 中，客人应面向正门而坐，主人应背向正门而坐。双方主谈居中而坐，其他组员按地位高低依次分坐主谈两侧。与主谈座位等距离的左侧座位和右侧座位的地位并不一样，后者较前者为尊。

图 11—4 中，如果长方形桌的一端对着正门，遵循"右尊左卑"的国际惯例，须在谈判桌右侧安排客方谈判人员就座，在左侧安排主方人员就座。注意区分左、右侧的方法是：人立于门口，面朝室内，左手一侧即为左侧，右手一侧即为右侧。在座位号的安排上，主谈的右边座位为偶数，左边为奇数。

对于一些小规模的或是双方谈判人员非常熟悉的谈判，可以不用拘泥于上述的座次礼仪规范，可选择随意就座的方式，甚至可以考虑不设置专门的谈判桌。

2. 行路位次礼仪

一场商务谈判所涉及的活动，往往不仅包括谈判本身，还包括与之相关的其他活动，比如带领对方人员参观公司等。这些活动就对谈判人员在行走等方面提出了要求，要求己方人员必须遵守行路位次礼仪规范。

(1) 平地行路位次礼仪。在平路上双方人员一道行走时，遵循“以右为尊”的国际惯例，一般让客人走在己方人员的右侧。多人并排行走时，中间位置最为尊贵。多人排成纵队前行时，在前的位置尊于后面的位置。行走时一般应由对方人员占据尊贵的位置，但也并非没有例外。如客方人员不认识路时，则主方应派人走在队伍的左前方为客方人员带路。

(2) 乘坐电梯位次礼仪。在有电梯操作员操作的情况下，进电梯时要让客方人员先进，出电梯时要让客方人员先出。当没有电梯操作员操作电梯时，主方应安排一人操作电梯。总之一个原则，要保障客人及地位尊贵者乘电梯时的安全。

(3) 上下楼梯位次礼仪。要求上楼梯时，客方人员走在前面；下楼梯时，客方人员走在后面。

3. 宴会位次礼仪①

在中餐宴请活动中，往往采用圆桌布置菜肴、酒水。

(1) 由两桌组成的小型宴请。这种情况，可以采取两桌横排或两桌竖排的形式。两桌横排时，桌次讲究以右为尊，以左为卑（左和右的位置由面对正门的位置来确定）；两桌竖排时，桌次讲究以远为上，以近为下（远和近是以距离正门的远近而言）。

(2) 由三桌或三桌以上的桌数所组成的宴请。在安排多桌宴请的桌次时，主要有“面门为主”、“右高左低”、“各桌同向”等三个基本的礼仪惯例。“面门为主”是指在每张餐桌上，以面对宴会厅正门的正中座位为主位，通常应请主人在此就座。“右高左低”是指在每张餐桌上，除主位之外，其余座位位次的高低应以面对宴会厅正门时为准，右侧的位次高于左侧的位次。“各桌同向”是指在举行大型宴会时，其他各桌的主陪之位均应与主桌主位保持同一方向。除了要注意“面门为主”、“右高左低”、“各桌同向”等规则外，还应兼顾其他各桌距离主桌的远近。一般来讲，距离主桌越近桌次越高，距离主桌越远桌次越低。

4. 签约位次礼仪

签字仪式的位次礼仪是各方最为在意的。主方安排时应按照国际礼宾序列，注意以右为尊，即将客方主签人安排在签字桌右侧就座，主方主签人在左侧就座，各自的助签人在其外侧助签，其余参加人在各自主签人的身后列队站立，站立时各方人员按职位高低由中间向两边依次排列。

11.2.4 宴请礼仪

宴请是商务谈判过程中常用的一种沟通形式。谈判人员有必要研究和学习其中的礼仪规范。

1. 宴请原则

宴请有两条基本原则，即“4M”原则和宴请适量原则。

---

① 参见徐文，谷泓：《商务谈判》，172页，北京，中国人民大学出版社，2008。

(1)“4M”原则。“4M”是人们在安排宴请时须重点考虑的四项因素，包括：精美别致的菜单（menu）、温馨浪漫的气氛（mood）、优美动听的音乐（music）、温文尔雅的举止（manners）。“4M”原则的内涵是东道主在安排宴请时必须对菜单、气氛、音乐、举止四个方面给予高度的重视，因为他们可能会对谈判的结果产生重要的影响。

(2) 宴请适量原则。宴请适量原则要求宴请的规格和规模应视谈判的需要而定，应符合环保、节约的精神，决不以铺张浪费为当然，以奢侈浮华为荣光。

2. 宴请的形式

宴请的形式主要有宴会、招待会、茶会、工作餐等。

宴会是因习俗或社交礼仪需要而举行的宴饮聚会，按规格可分为国宴、正式宴会和便宴；按其举行时间，又有早宴、午宴、晚宴之分，一般说来，晚宴较之早宴和午宴更为正式、隆重。

招待会是指各种不配备正餐的宴请类型，一般备有食品和酒水，通常不排固定的席位，可以自由活动。

茶会是一种简便的招待形式，一般在下午 4 时左右举行，也有的在上午 10 时左右举行。其地点通常设在客厅，厅内摆茶几、座椅，不排席位。

工作餐是商务交往中的非正式宴请形式，主客双方可利用共同的进餐时间边吃边谈。这种宴请形式最具高效、节约的特点，应得到大力的提倡。

至于选择哪种宴请形式，应视谈判目的、客方人员地位及主方经济状况而定。

3. 选择宴会时间、地点，发出宴会邀请

宴会时间的选定主要考虑谈判的需要及双方的方便。注意不要把宴请日期选在节假日、客方有重要活动的日子，以及客方认为不太吉利的日子。例如，宴请信仰基督教的人士时，不可将宴请日期选在 13 日。

宴会地点应考虑谈判的重要程度、对方主谈和组长的职位、双方参加宴会人数的多少等因素。

举办宴会前一般要先向宴请对象发出邀请，除时间紧迫等情况外，请柬一般应提前 1～3 周发出。

11.2.5 馈赠礼仪

无论是在谈判场内，还是在谈判场外，送给对方一份精美的为其所喜爱的礼物，有时可以收到出奇制胜的功效。

1. 送礼的礼仪

(1) 送礼时机。一般而言，送礼贵在及时。及时送礼能充分发挥礼品的祝贺、抚慰、示好等功能。商务谈判的送礼时机一般在谈判开局阶段和谈判结束的时候。

(2) 礼品的包装要求。一般而言，礼品不可选择散装或“平装”商品，因为精美的包装更能拨动对方的心弦，更能使对方感受到自己的情意。除商品自带包装外，有的商场还提供有偿的专业包装服务。值得注意的是：如礼品包装上贴有价格标签，一定要清理干净，用于粘贴标签的胶一般比较“顽固”，可尝试借助风油精等有机溶剂。

(3) 馈赠方式。馈赠方式一般包括当面馈赠、邮寄馈赠和托人馈赠三种。商务谈判一般采用当面赠送的方式，因其效果通常最佳。

（4）当面馈赠的举止要求。当面馈赠礼物对赠送人的言行举止有一定要求。赠礼前可先说一些问候、祝福的话，然后提出以礼品表达对对方的欢迎，随即送礼者亲自或安排工作人员郑重地走近受礼者，并双手将礼品递给对方。赠送过程中赠送者要做到热情、友好、自然、大方。

2. 受礼的礼仪

当送礼者递来礼品时，受礼者应双手接过礼品，同时表示感谢。之后可拆开礼品或端详包装，表达自己对礼品的赞美和由衷喜爱（尽管事实也许并非如此）。

3. 回礼的礼仪

礼尚往来，对方“投之以桃”后，我方应选择适当的时机“报之以李”，这样能够加深双方的感情，巩固双方的关系。回赠礼品不必追求与收礼的“实时”或“同步”，那样反而会显得比较有些功利。可选择在赠礼者临行时回赠，也可在谈判完结后择日登门拜访时回赠。回礼的言行举止要求与送礼并无二致。

课堂练习

[单项选择题]

1. 作为一种表达语言，外交语言的风格特征是（　　）。

A. 委婉含蓄　　B. 坦率真诚　　C. 求同存异　　D. 诙谐幽默

2. 下列哪种自我介绍符合规范？（　　）

A. 我叫万芳

B. 我的名字叫万芳，是天秦公司总经理的侄女

C. 我叫万芳，是天秦公司公关部经理

D. 我在天秦公司公关部工作

3. 在见面握手的时候，下列哪种做法是失礼的？（　　）

A. 身份低者先伸出手与身份高者握手　　B. 年长者先伸出手与年轻者握手

C. 主人先伸出手与宾客握手　　D. 女士先伸出手与男士握手

4. 谈判前，主要迎送人的身份、地位与来者相比应该（　　）。

A. 略低　　B. 略高　　C. 对等　　D. 无所谓

5. 女性谈判者在服装上的追求不应是（　　）。

A. 稳健　　B. 艳与俏　　C. 自信与自尊　　D. 美

6. 若谈判长桌一端向着门，则以正门的方向为准，（　　）为客方。

A. 右　　B. 左

课后作业

[简答题]

1. 在春秋季对于中青年男性谈判者而言，服装上应该注意些什么？

2. 商务谈判对谈判人员的举止有什么要求？

3. 商务谈判对谈判人员的谈吐有什么要求?
4. 商务谈判在迎送礼仪上有什么要求?
5. 商务谈判在见面礼仪上有什么要求?
6. 商务谈判在位次礼仪上有什么要求?
7. 商务谈判在馈赠礼仪上有什么要求?

[案例分析]

案例一

中方A公司与美方B公司就某项条款进行谈判，由于美方B公司就该项条款与A方始终未达成协议，且始终不愿作出进一步的让步，因此，在进一步的谈判中，A方人员虽然耐心地重申了己方的有关要求，并希望双方都能在互利互惠的基础上做出进一步的让步，但B方人员却含糊其辞，顾左右而言他，一会儿说对A方的有关要求还是不够明确，一会儿又借口有急事需要处理，希望谈判能够继续拖延，要么就是将谈判委托给无实际决策权的人员来进行。

资料来源：http://wenku.baidu.com/view/3c9e15ff04a1b0717fd5dd71.html。

问题:

(1) 你认为B方人员的所作所为有何不妥之处?

(2) 你认为谈判结果将如何?

案例二

中国某公司与美国某公司谈判投资项目。其间双方对原工厂的财务账目反映的原资产总值有分歧。

美方：中方财务报表上有模糊之处。

中方：美方可以核查。

美方：核查也难，因为被查的依据就不可靠。

中方：美方不应该空口讲话，应有凭据证明查账依据不可靠。

美方：所有财务凭证均系中方工厂所造，我们无法一一核查。

中方：那贵方可以请信得过的中国机构协助核查。

美方：目前尚未找到可以信任的中国机构帮助核查。

中方：那贵方的断言只能是主观的，不令人信服的。

美方：虽然我方没有法律上的证据证明贵方账面数字不合理，但我们有经验，贵方的现有资产不值账面价值。

中方：尊敬的先生，我承认经验的宝贵，但财务数据不是经验，而是事实。如果贵方诚意合作，我愿意配合贵方查账，到现场一一核对物与账。

美方：不必贵方做这么多工作，请贵方自己纠正后再谈。

中方：贵方不想讲理？我奉陪！

美方：不是我方不想讲理，而是与贵方的账没法说理。

中方：贵方是什么意思，我没听明白，什么“不是、不想，而是、没法”?

美方：请原谅我方的直率，我方感到贵方欲利用账面值来扩大贵方所占股份。

中方：感谢贵方终于说出了真心话，给我指明了思考方向。

美方：贵方应理解一个投资者的顾虑，尤其在我公司与贵方诚心合作的情况下，若让我们感到贵方账目有虚占股份之嫌，实在会使我方却步不前，还会产生不愉快的感觉。

中方：我理解贵方的顾虑。但在贵方心理恐惧面前，我方不能只申辩这不是"老虎账"，来说它"不吃肉"，但愿听贵方有何"安神"的要求。

美方：我方通过与贵方的谈判，深知贵方代表的人品，由于账面值让人生畏，不能不请贵方考虑修改问题，或许会给贵方带来麻烦。

中方：为了合作，为了让贵方安心，我方可以考虑账面总值的问题。至于怎么做账是我方的事。如果没有找出错的话，我们双方将就中方现有资产的作价进行谈判。

美方：是的。

（以上是中方现有资产的作价谈判）

资料来源：http://zhidao.baidu.com/question/23471016.html。

问题：

（1）上述谈判中，双方均运用了哪些语言？

（2）双方的语言运用有何不妥之处？

（3）如果你作为美方或中方代表会怎么谈？

本章实训　商务谈判礼仪模拟

一、实训目的

商务谈判礼仪是社交礼仪在商务谈判活动中的具体应用和体现，对谈判的过程和结果有着贯穿始终的影响。

通过本次实训，学生应能够了解商务谈判特别是对外谈判中最基本的待人接物常识，掌握商务谈判礼仪的艺术和技巧。

二、实训情境

中国某大型钢铁集团BG集团常年进口国外优质铁矿粉。澳大利亚FMG铁矿石集团是BG的主要供应商，双方已有多年的合作经历。近年，由于受席卷全球的金融风暴的影响，BG面临着国内需求疲软、国外原材料价格上涨的双重压力。为缓解压力，BG向其主要的原材料供应商FMG提出了大幅度降低铁矿石价格的要求。双方通过电话和传真进行的先期谈判已经持续了大约一个月的时间，始终没有达成一致。中方已经开始大幅度削减采购数量。为了打破谈判僵局，FMG派出以执行总裁安德鲁·福克斯为首的五人代表团访华，准备与中国BG集团进行面对面的谈判。

以执行总裁安德鲁·福克斯为首的五人代表团在抵达上海以后，受到了BG的热情接待。按照原定的谈判日程，谈判将于10月18日上午9:00开始。BG总经理关锋先生将参加双方的首次谈判。中方谈判组成员有集团副总经理杨海洲先生、集团供应部史学军先生、财务部总监肖兵先生、公关部经理冯雪玲女士。谈判场所设在BG集团办公大楼内的

3 号会议厅。

资料来源：王方：《商务谈判实训》，133 页、142 页，大连，东北财经大学出版社，2009。

三、实训任务

本次实训要求学生通过商务谈判礼仪模拟，了解商务谈判特别是对外谈判中最基本的待人接物常识，掌握商务谈判礼仪的艺术和技巧。部分小组可以在课堂上进行模拟，由于时间限制，其他小组可以在课下进行谈判开局的模拟。要求每个小组上交模拟的视频文件。

四、实训步骤

第一步，中方全体代表在会议室门口迎接客人。

第二步，介绍。

第三步，握手。

第四步，双方就座，交换名片，寒暄。

第五步，谈判正式开始（磋商过程略）。

第六步，签约。

五、成绩评定

每位学生的个人最终成绩来源有两个：教师为每个小组打的分数 A 及组长为组员打的分数 B。计算公式如下：

$$个人最终成绩=A\times 80\%+B\times 20\%$$

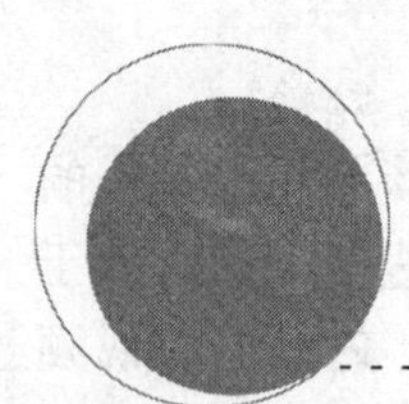

第12章 国际商务谈判

教学目标

了解国际商务谈判的含义、特征及基本要求；了解世界各地典型地区商人的谈判风格。

教学内容

12.1 国际商务谈判概述

12.2 部分国家和地区商务谈判人员的谈判风格

12.1 国际商务谈判概述

12.1.1 国际商务谈判的含义

国际商务谈判是指在国际商务活动中，处于不同国家或不同地区的商务活动当事人为了协调彼此之间的商务关系，满足各自的商务需要，通过协商洽谈以争取达成某项商务交易的行为和过程。

国际商务谈判是一种对外经济贸易活动中普遍存在的重要经济活动，是调整和解决不同国家和地区政府及商业机构之间的经济利益冲突的必不可少的一种手段。

12.1.2 国际商务谈判的特征

国际商务谈判具有以下几方面的特征：

(1) 国际性。国际性是国际商务谈判的基本特点，此特点要求谈判必须以国际经济法为准则，按国际惯例行事。

(2) 政策性。国际商务谈判中谈判双方的商务关系是国家之间经济关系的一部分，因此谈判必须符合所在国家相关的方针政策。

(3) 复杂性。国际商务谈判中影响谈判的因素大大增加，因而导致谈判更为复杂。即使是谈判成功后，合同的执行还要涉及资产的跨国转移，因此还要面临国际贸易、国际金融等一系列的问题，这些也是增大国际商务谈判复杂性的因素。

(4) 风险性。由于国际商务谈判的影响因素比国内商务谈判要多得多，所以国际商务谈判结果的不确定性和协议执行过程中的不确定性均远高于国内商务谈判。

12.1.3　国际商务谈判的基本要求

作为一位谈判人员，要想在国际商务谈判工作中有所作为，除了遵循商务谈判的基本原则，灵活应用商务谈判的理论、方法和技巧外，还应根据国际商务谈判的特点，加强自身学习，以满足国际商务谈判对谈判人员提出的几项基本要求。

（1）树立正确的谈判意识。正确的谈判意识主要包括：谈判是协商，应争取双赢；谈判中双方既存在利益关系，又存在人际关系，要注意平衡二者之间的关系；国际商务谈判既要立足于当前的谈判，又要着眼于双方长久的合作关系。

（2）做好谈判的准备工作。由于国际商务谈判的复杂性和风险性，谈判人员在开始谈判之前必须做好相关的调查和准备工作。

（3）正确认识和对待文化差异。国际商务谈判的跨文化性要求谈判人员必须了解谈判对手的商业文化，正确认识和对待文化差异；应当尊重对方的文化，并学会从对方的角度去认识和分析问题。

案例

商界流传着如下一则笑话：

几个商人在一条船上开国际贸易洽谈会，突然船开始下沉。

“快去叫那些人穿上救生衣，跳下船去！”船长命令大副。

几分钟后。大副回来了，“那些家伙不肯跳。”他报告说。

于是，船长亲自出马。不一会儿，他回来告诉大副：“他们都跳下去了。”

“那么您用了什么方法呢？”大副忍不住问道。

“我告诉英国人跳水是有益于健康的运动，他就跳了；我告诉法国人那样做很时髦；告诉德国人那是命令；告诉意大利人那样做是被禁止的；告诉苏联人这是革命的……”

“你是怎么说服那帮美国人的呢？”

“这也很容易，”船长说，“我就说已经帮他们上了保险。”

资料来源：http://wenwen.soso.com/z/q303558524.htm? sp=3000。

（4）熟悉国家政策、国际公约和国际惯例。国际商务谈判人员必须熟悉相关国家的有关政策，尤其是外交政策和对外经济贸易政策；同时还应该了解有关国际公约和国际惯例，如《联合国国际货物买卖合同公约》、《2000 年国际贸易术语解释通则》、《跟单信用证统一惯例》等。

（5）具备良好的外语技能。过硬的外语技能有助于双方的沟通，有助于了解对方的文化。

12.2　部分国家和地区商务谈判人员的谈判风格

不同国家商务谈判人员的价值观、消费习俗、生活方式、文化背景等差异很大，因而他们的谈判风格也往往有很大差异。下面将描述不同国家商务谈判人员的典型代表的谈判风格。有必要说明的是，文中的“×国人”，并非指“×国人”中的一个个体，也不是指全体“×国人”，而是指“×国商务谈判人员”的典型代表，其身上凝聚了全体“×国商务谈判人员”的个性特征和谈判风格的共性。

12.2.1 美国人的谈判风格

美国人的谈判风格有以下特点：

（1）自信。美国谈判者非常自信，一般会坚定不移地用自己的谈判方式和对方进行谈判。相对而言，他们较少在价格上做出让步。

鉴于此，作为谈判对手，面对美国人的自信表现，绝不可有自卑或信心不足的表现，因为双方在谈判桌上是平等的关系——既然坐到了谈判桌前，就是为了谋求合作。也须注意不要压制或打击其自信和优越感，如批评美国。

（2）直率。谈判中他们会坦率发表自己的意见和权利要求，往往不太会顾忌对手的感受；他们办事喜欢直来直去，不喜欢兜圈子，喜欢较早进入实质性谈判；当双方发生纠纷时，美国人态度认真、诚恳，并且希望对手也是如此。

鉴于此，与美国人谈判时，表达意见要直接，“是”与“否”必须讲清楚。如果美国谈判者提出的条款是无法接受的，就必须明确告诉他们不能接受，不能含糊其辞或避而不答，否则不仅容易给对方留下不良印象，而且容易产生纠纷。

（3）讲求效率，惜时如金。美国人十分重视谈判效率，设定的谈判期限往往比较短，这源于他们非常强的时间观念。

鉴于此，同美国人谈判时，要做到：准时赴约；节约谈判时间。

（4）重视利益，积极务实。在美国谈判者看来，谈判最重要的目标就是获得更多的利益。他们积极务实，目光通常聚焦于谈判本身，不太注重和对手营造良好的人际关系。

鉴于此，同其谈判时，不可过多地寒暄与客套，谈论其他偏离主题的内容，更不可经常使用所谓顾左右而言他的策略。

（5）法律意识强。美国谈判者重视律师在谈判中的作用。一旦发生争议和纠纷，他们优先选择的解决办法就是诉诸法律。他们重合同、契约意识强，尤其重视合同违约的赔偿条款。

鉴于此，与其谈判时，一要研究学习谈判适用的法律，二要严谨认真，以免谈判在法律上出现纰漏。

（6）偏爱全盘平衡的“一揽子交易”。在谈判某项目时，美国谈判者不喜欢孤立地谈判某一项交易条件，而是将设计、开发、生产、销售、价格等很多交易条件放在一起商谈，以期在全盘平衡后达成协议。

12.2.2 日本人的谈判风格

日本人的谈判风格有以下特点：

（1）重视人际关系。日本人在谈判中善于利用人际关系，尤其善于与谈判对手的关键领导拉关系，以探明情况、施加影响、争取支持。

（2）等级观念根深蒂固。等级意识严重，他们走出国门进行商务谈判时，希望迎候人的地位与其地位相当。尊老倾向也是其等级观念的一部分。

案例

美国总统福特访问日本之前，美国电视网 CBS 公司派了一位年轻的代表去日本，与日本的 NHK 商谈福特总统访问日本的电视转播问题。这位年轻的代表没有与日本人谈判的经验，他以美国人的谈判风格，直截了当地向 NHK 的主管提出电视转播要求，他要求日本方面到时提供超出实际需要近两倍的人员和通信设备。他的态度使日本人感到盛气凌人。日本 NHK 主管是一位老成持重、有资历的人物，他立刻有礼貌地回绝了那位年轻代表的要求。随着总统访日日期的临近，谈判一无进展，CBS 公司非常焦急，只得撤换代表，改派公司高层领导到东京重新与 NHK 谈判。美方首先向日方道歉，请求 NHK 在这次福特总统访日期间帮助 CBS 进行电视转播。日方见美方态度转善，言辞恳切，也就同意通融，经过商榷满足了美方的要求。

后来，那位年轻的美国代表终于醒悟到美国式的谈判风格对日本人来说是不能接受的。

资料来源：陈福明，王红蕾：《商务谈判》，204 页，北京，北京大学出版社，2006。

(3) 意志顽强，不轻易让步。在国际商务谈判中，日本人的顽强有目共睹，他们认为自己的不屈不挠会使谈判对手厌倦并最终妥协。

(4) 注重礼仪，暗藏“杀心”。他们恪守所在国的礼节和习惯，谈判时经常在说说笑笑中讨价还价，使对手放松警惕，便于他们杀价。

(5) 将“将欲取之，必先予之”应用于谈判。他们善于用较小幅度的让步去撼动对手的谈判立场，以便从对手的妥协中获得好处。

(6) 集体观念强。日本人集体观念强，不欣赏单打独斗的个人英雄主义，通常采用小组谈判的方式。

(7) 谈判中常保持沉默。在谈判过程中，日本谈判者喜欢隐藏自己的意图，因此会长时间保持沉默，并静观事态发展。日本人把能否做到喜怒不形于色作为衡量谈判者是否成熟的标志。

12.2.3 德国人的谈判风格

德国人的谈判风格有以下特点：

(1) 重视谈判准备工作。德国人严谨、认真，他们在谈判前往往会设法收集大量的谈判信息。相应地，我们如果要和德国人谈判，事先也一定要做好谈判准备工作。

(2) 追求效率。德国人认为时间最为宝贵，他们对拖拉塞责的办事作风深恶痛绝。对效率的追求使他们一般能够做到“日事日毕”，并且他们也会对对方提出同样的要求。

(3) 自信、严谨。德国人对本国产品和己方的方案抱有高度的自信。他们看待和分析问题一般不掺杂感性和感情因素，问题采用理性、系统的方法。

鉴于这种个性特点，与之谈判时要“以柔克刚”、“以理服人”，灵活地选择攻击点，表明立场，同时保持友好、礼貌的态度。

(4) 崇尚契约，严守信用。德国人素有“契约之民”的雅称，在签约上要求准确无误，在合同的执行上也可以做到一丝不苟。

12.2.4 法国人的谈判风格

法国人的谈判风格有以下特点：

(1) 有人情味，珍惜人际关系。法国人在谈判时，不喜欢只谈生意，因为他们认为那样是没有人情味和情趣的表现。他们喜欢在谈判过程中谈些新闻趣事，以营造一种宽松的氛围。但是，他们不愿过多提及个人和家庭问题。

(2) 喜欢使用横向式谈判方式。法国人倾向于横向式谈判，即先为协议勾画出一个轮廓，达成原则协议，最后再确认谈判协议各方面的具体内容。

(3) 有强烈的审美需要。法国人对商品的外在形式要求很高，认为商品应能给人带来美的享受。这种审美需要也体现在他们对服饰的态度上，他们认为衣着反映了一个人的修养与品位。

(4) 时间观念不强。喜欢有充足的时间去开展宽松的谈判。

12.2.5 英国人的谈判风格

英国人的谈判风格有以下特点：

(1) 冷静、稳健。在谈判初期，他们一般与对手保持一定距离，不轻易表露感情。熟悉之后，他们才会表现出精明、灵活、善于应变、长于交际、待人和善、容易相处的特点。

(2) 坦率、真诚，崇尚双赢。他们通常坦率、真诚，愿意让对方了解他们的有关立场和观点，同时也常常考虑对方的立场、行动，对于建设性意见反映积极，旨在取得双赢的谈判结果。

(3) 注意礼仪，具绅士风度。“绅士”源于英国，英国男人也以具有绅士风度为荣。相应地，英国人对缺乏教养和风度的行为也非常敏感和反感；相反地，如果你能在谈判中显示出良好的教养和风度，就会赢得他们的尊重，为谈判成功打下良好的基础。

鉴于此，在与其交往时，一定要注意自己的礼仪风度，不要有不雅的举止，更不要有失礼的行为。如当受到英国商人的款待之后，一定要写信表示谢意，否则会被视为不懂礼貌。

(4) 时间观念很强。他们严格遵守约定的时间，通常拜会英国人或与他们洽谈生意一定要预约，并最好提早到达，以取得他们的信任和尊重。

鉴于此，与未曾谋面的英国人约会时，要先写信告知面谈目的，然后再约定时间。一旦确定约会，就必须按时赴约。

12.2.6 俄罗斯人的谈判风格

俄罗斯人的谈判风格有以下特点：

(1) 固守传统。俄罗斯因很长一段时期以计划经济为主，中央集权的历史较为悠久，导致人们习惯于固守传统。

案例

曾有一个俄罗斯代表团到中国洽商一个合资项目，上一条方便面生产线，由中方提供设备和人员培训，共计120万元人民币，俄方以厂房、土地作价投资，共计40万元人民币。按国际惯例，双方合资项目，利润分成可按投资比例确定，但俄方坚持他们得80%利润，中方得20%利润，这种明显不合理的要求自然导致谈判破裂。之所以会这样，就是他们原定的目标是获利80%，尽管他们认为你的建议也有道理，但要他们改变原来的打算是困难的。

资料来源：http://worldfree.blog.sohu.com/70715975.html。

（2）注重技术细节。谈判中俄罗斯人特别重视技术细节，往往索要齐全的与技术相关的物品和资料，如详细的车间设计图纸、零件清单、设备装配图纸、原材料证明书、化学药品和各种试剂、各种产品的技术说明、维修指南等。

（3）善于讨价还价。俄罗斯人十分善于与外国人做生意，如果他们想引进某个项目，首先要对外招标，引来数家竞争者，随后不慌不忙地进行选择，并采取各种手段，让争取合同的对手之间竞相压价，互相"残杀"，最后坐收渔翁之利。

12.2.7　澳大利亚人的谈判风格

澳大利亚人的谈判风格有以下特点：

（1）重视办事效率。他们派出的谈判人员一般都具有决定权，同时也希望对方的谈判代表也具有决定权，以免在决策中浪费时间。他们不喜欢先报高价再慢慢讨价还价的日本式报价法。

（2）时间观念强。参加谈判相关活动时能够做到严格守时，同时也不愿为谈判及其他工作付出超出计划的时间。

（3）大方自然，乐于接受款待。

（4）签约谨慎。澳大利亚商人在签约时非常谨慎，而一旦签约，也较少毁约。

12.2.8　韩国人的谈判风格

韩国人的谈判风格有以下特点：

（1）重视谈判准备工作。在谈判前，他们会千方百计地了解对方的情况。

（2）注重谈判礼仪。彬彬有礼、态度温和是韩国谈判人员的共性。

（3）重视谈判气氛的营造。在和对方沟通时，他们热情、友好、积极，并且凡事为对方着想。他们倾向于营造一个和谐融洽的气氛，以便为谈判打下一个良好的基础。

（4）逻辑性强，注重技巧。他们喜欢率先讨论主要议题。对于大型谈判，他们更乐于开门见山、直奔主题。在签约时，韩国商人表述合同的文字通常有三种，即对方国家的语言、韩语和英语。

12.2.9　阿拉伯人的谈判风格

阿拉伯人的谈判风格有以下特点：

（1）看重情义。迎合其看重情义的特点，与之谈生意的人必须首先赢得他们的好感和信任。

（2）谈判节奏较缓慢。生活闲适的阿拉伯人不习惯紧锣密鼓地开展工作，谈判节奏缓慢，而且要用很长的时间才能做出谈判的最终决策。

（3）专业谈判人员在谈判中起着重要作用。阿拉伯人谈判中发挥专业人员作用。所以，与阿拉伯人谈判往往要同时与两种人打交道，首先是决策者，他们只对宏观问题感兴趣；其次是专业人员，他们希望对方尽可能提供客观、翔实的资料以便进行论证。

(4) 倚重代理商。几乎所有阿拉伯国家的政府都坚持，无论作为外商的生意伙伴是个人还是政府部门，其商业活动都必须通过阿拉伯代理商来开展。

(5) 爱讨价还价。其讨价还价的态度可能是坚忍不拔的，过程可能是旷日持久的。

(6) 谈判要符合宗教信仰的要求。在阿拉伯国家，宗教影响着国家的政治、经济、人们的日常生活，谈判也不例外。因此，在与阿拉伯人谈判时，一定不要有和其宗教信仰相忤的穿着打扮、言行举止及其他活动。

12.2.10 拉丁美洲人的谈判风格

拉丁美洲人的谈判风格有以下特点：

(1) 自信。拉丁美洲人往往对自己意见的正确性坚信不疑，甚至要求对方全盘接受，而自己很少主动做出让步。

(2) 看重感情。拉美人生活悠闲，比较重视感情。因此要想与拉美人做生意，最好先与他们交上朋友。

12.2.11 南亚人和东南亚人的谈判风格

南亚和东南亚包括许多国家，主要有印度尼西亚、新加坡、泰国、菲律宾、印度、马来西亚、巴基斯坦、孟加拉国等。这些国家与我国贸易往来频繁、互补性强，是我国发展对外经济贸易的重点地区之一。东南亚人因国别不同而表现出不同的谈判风格。

印度尼西亚人的谈判风格：(1) 谨慎，有礼貌。印尼人与人交往非常有礼貌，而且小心谨慎，几乎不讲别人的坏话。(2) 重视私交。在商务洽谈时，如果双方交往不深，他们的谈话可能口是而心非。只有建立了推心置腹的交情，才可能听到他们的真心话，这时他们也可以成为十分可靠的合作伙伴。(3) 谈判要符合宗教信仰的要求。印度尼西亚是一个多种宗教信仰的国家，除了85%的穆斯林一致信仰伊斯兰教之外，还有相当数量的其他宗教人口，如印度教、佛教和基督教。总之，与印尼人谈判必须要特别注意他们的宗教信仰。

新加坡人的谈判风格：(1) 有合作精神。(2) 注重信义、友谊，讲面子。在商业交往中，他们十分看重对方的身份、地位及彼此的关系。“面子”在谈判中可能具有决定性的意义，交易要尽可能以体面的方式进行。交易中，遇到重要决定，新加坡华侨往往不喜欢签订书面字据，而一旦签约，他们绝不违约，并对对方的背信行为十分痛恨。

泰国人的谈判风格：(1) 崇尚艰苦奋斗和勤奋节俭。与泰国商人进行谈判时，可向他们介绍自己的创业历程，以获得他们的好感和共鸣。(2) 重视友情。若要与他们结成推心置腹的朋友，须付出相当多的时间和努力，而一旦建立友情，他们就会给予你充分的信任。

菲律宾人的谈判风格：善于交际，举止大方。他们在商务活动中应酬颇多，常常举行聚会。同菲律宾人谈判，最容易取得良好沟通效果的方法是入乡随俗，在社交场合尽可能做到应酬得体、举止有度，言行中表现出良好的修养和十足的信心。

印度人的谈判风格：观念传统、思想保守。印度的企业家包括技术人员在内，一般不愿把自己掌握的技术和知识教给别人。

以上介绍的是部分国家或地区的商人的谈判风格。随着经济全球化的到来，各国商人频繁地往来接触，他们相互影响，取长补短，致使谈判的国别风格已不明显。因此，我们应该既要了解不同国家和地区商人之间谈判风格的差异，又要在实际的商务谈判中根据具体的谈判对象随机应变，适当地调整自己的谈判方式以实现预期的谈判目的。

世界各国数字的宜与忌

数字的忌讳在很多国家都存在。在与外国朋友交流时，了解这些非常必要，注意这些细节礼节会提升你在对方心目中的地位。

很多人对数字似乎都有一种特殊的情感，人们在办一件事情的时候往往会特意地去选择。“6”和“8”在中国人心目中是吉利的数字，而“4”与“7”却是人们忌讳的两个数字。

日本人忌讳“4”和“9”，因为在日语中，“4”与“死”同音，所以日本的医院都没有 4 号病房和 4 号病床；“9”的发音与“苦”相近，因此也在忌讳之列。他们也不喜欢由“4”组成的数字，特别是“14”、“42”、“44”等。参加日本人的婚礼，送的礼金要避免偶数，因为他们认为偶数是 2 的倍数，容易导致夫妻离异。韩国人和朝鲜人对“4”也反感，许多楼房的编号严禁出现“4”，在饮茶、饮酒时，主人以 1、3、5、7 的单数来献茶、敬酒。

“13”这个数字在西方人看来很不吉利，西方人在任何场合都尽量避开它，如高楼的 12 层之上便是 14 层楼，宴会厅的餐桌 14 号紧接着 12 号等。有些人甚至对每个月的 13 日这一天也感到惴惴不安。西方人认为“13”不幸、凶险，原因来自他们的宗教信仰。在意大利著名画家达·芬奇创作的《最后的晚餐》中，基督耶稣和弟子们一起吃饭，参加晚餐的第 13 个人是犹大。犹大为了贪图 30 枚银币，将耶稣出卖给犹太教当权者，并为捉拿耶稣的人带路，使耶稣于 13 号被钉在十字架上。西方人憎恨犹大，也把“13”这个数字当作不幸的象征。另外，由于耶稣在被处死前举行“最后的晚餐”的那天恰巧是星期五，因此，西方人认为星期五也是不吉利的。如果碰巧这一天是“13”号又是星期五的话，就被称为“黑色星期五”，有些人会惶惶不可终日，好像真有什么灾难要降临一样。

有些西方人也忌讳“3”这个数字，特别是点烟的时候，不论你是用火柴还是用打火机给他们点烟，点到第三个人时，要先把火熄灭一次再点。

新加坡人忌讳“7”、“8”、“37”。加纳人忌讳“17”、“71”。

在非洲，大多数国家认为奇数带有消极色彩，而认为偶数具有积极的象征。

资料来源：徐文，谷泓：《商务谈判》，195 页，北京，中国人民大学出版社，2008。

世界各国颜色与图案的宜与忌

美洲国家对色彩、图案的爱好与禁忌

美国：一般浅洁的颜色受人喜爱，如象牙色、浅绿色、浅蓝色、黄色、粉红色、浅黄褐色。

加拿大：枫树是加拿大的国树，人们就用火红的枫树图案进行装饰，以欢迎王子的光临。此后，枫叶的标志就被广泛应用，也被世界所周知。

墨西哥：墨西哥人认为紫色是不吉利的棺材色，应避免使用。由此而演变出一大忌讳——向墨西哥人送礼物，不能送紫色物品或以紫色包装的礼品。穿紫色系的衣服访问别人，或招摇过市，一样也不受欢迎。在墨西哥，黄色花表示死亡，红色表示符咒。

古巴：对色彩的感情同美国相类似，大多数爱好鲜明的色彩。在商业上受美国的影响较深，在商品款式、包装上的色彩，以美国式为流行。

阿根廷：黑色、各种紫色和紫褐色应避免使用，流行的包装颜色是黄、绿和红色。

秘鲁：鲜明的颜色如红色、紫红和黄色颇受欢迎。

巴西：认为人死好比黄叶落下，所以忌讳棕黄色。人们迷信紫色会给人们带来悲哀，黄色会使人陷入绝望，且紫色和黄色会被认为是患病的预兆。另外，巴西人还认为深咖啡色会招来不幸，所以他们非常讨厌这种颜色。在巴西，曾有过这样失败的例子：日本向巴西出口钟表，由于在钟表盒上配有紫色的饰带，因而钟表不受欢迎。

欧洲国家对色彩、图案的爱好与禁忌

意大利：喜欢绿色和灰色，国旗是由绿、白、红三个垂直相等的长方形构成。意大利人忌紫色，也忌仕女像、十字花图案。意大利人对自然界的动物有着浓厚的兴趣，喜爱动物图案，尤其是对狗和猫异常偏爱。

希腊：希腊人在颜色方面，喜爱蓝和白相配，也喜爱鲜明的色彩。希腊人喜欢大黄、绿、蓝色，禁忌黑色。

法国：对色彩富有想象力，对色彩研究与运用十分讲究。喜爱红、黄、蓝等色，视鲜艳色彩为时髦、华丽、高贵的色彩。在法国东部地区，流行男孩穿蓝色、少女穿粉红色。

奥地利：绿色最令人喜爱，包括许多服饰也都使用绿色。比如，灰色的法兰绒西装特意用绿色镶边儿，狩猎装也多半使用绿色。

瑞典：不宜把代表国家的蓝色和黄色作为商用。瑞典人喜爱红、黄、蓝、橙、绿、紫、红、白相间色组以及浓淡相间色组，忌用黑色。

瑞士：猫头鹰是死亡的象征，忌作为商标。

荷兰：蓝色和橙色代表国家色，特别是橙色，在节日里被广泛使用。

非洲国家对色彩、图案的爱好与禁忌

埃及：埃及人喜欢红色、橙色、绿色、白色，而忌讳紫色、黑色与蓝色，而且颇相信梦。埃及人喜欢金字塔形莲花图案，禁穿有星星图案的衣服，除了衣服，有星星图案的包装纸也不受欢迎。

利比亚：利比亚人喜爱绿色，忌讳黑色。此外，猫、猪、女性人体均属禁忌图案。

突尼斯：突尼斯人喜爱绿色、白色和绯红色，喜欢骆驼，而忌讳猪、狗、猫。

摩洛哥：摩洛哥人喜欢绿、红、黑色，忌白色；喜欢鸽子、骆驼、孔雀图案，而忌讳六角星、猫头鹰图案。

埃塞俄比亚：埃塞俄比亚人喜爱鲜艳、明亮的颜色，忌讳黑色，也忌讳宗教象征图案。他们哀悼死者时，穿淡黄色服装，但出门做客是绝对不能穿淡黄色服装的。

加纳：加纳人认为黑色是不吉利的，喜欢明亮的色调。

尼日利亚：视红、黑色为不吉利。

科特迪瓦：暗淡和黑、白色在包装中应避免使用。商标图案应采用明亮的颜色。

利比里亚：明亮、鲜艳的颜色受欢迎，而黑、白色带有消极的含义。

亚洲国家对色彩、图案的爱好与禁忌

中国：白、黑、灰色不大受欢迎，红、黄和鲜艳的色彩则很受欢迎。

日本：在日本黑色被用于丧事。日本人喜爱红、白、蓝、橙、黄等色，忌讳黑白相间色、绿色、深灰色。习惯上，红色被当作吉庆、幸运的颜色。日本喜爱的图案是松、竹、梅、鸭子、乌龟，而忌讳菊花、荷花。

泰国：泰国人喜爱红、黄色，忌讳褐色。过去白色用于丧事，现在改为黑色。泰国人绝不用红笔签名，因为按他们的习惯，当人死后是用红笔把他的姓氏写在棺木上的。狗在泰国是禁忌的图案。

马来西亚：当地人认为绿色具有宗教意味，伊斯兰教区喜爱绿色，但绿色用于商业上并无妨碍。忌用黄色（代表死亡），一般马来西亚人不穿黄色衣服。单独使用黑色被认为是消极的。马来西亚人喜欢红、橙以及鲜艳的颜色。

新加坡：一般红、绿、蓝色很受欢迎，紫色、黑色被视为不吉利，黑、白、黄为禁忌色。禁止使用宗教词句和象征性标志。红双喜、大象、蝙蝠图案受欢迎。

印度：认为红色表示生命、活力、朝气和热烈，蓝色表示真诚，阳光似的黄色表示光辉壮丽，绿色表示和平、希望，紫色表示心境宁静。印度人在生活和服装色彩方面喜欢红、黄、蓝、绿、橙色及其他鲜艳的颜色。黑、白和灰色，被视为消极的、不受欢迎的颜色。

巴基斯坦：一般流行鲜明的色彩，绿色、银色、金色及鲜艳的彩色备受人们的欢迎，其中以翡翠绿为最。黄色会引起宗教界及某些政治界人士的嫌恶，因为婆罗门教僧人们所穿的长袍（礼服）是黄色。居民视黑色为消极色。

阿拉伯国家：在伊拉克，黑色为丧色；绿色是阿拉伯人喜爱的颜色；国旗的橄榄绿，在商业上是禁止使用的。伊拉克人忌讳蓝色。各种设计忌用猪和类似猪的熊猫、十字架、六角星等做图案。在阿拉伯联合酋长国、科威特、巴林、伊朗、卡塔尔、也门和阿曼，棕色、黑色（特别是由白布衬托的黑色）、绿色、深蓝与红相间色及白色是带有积极意义的；鲜明、醒目的颜色胜过柔和、浅淡的颜色；粉红色、紫色和黄色是消极的色彩。

资料来源：徐文，谷泓：《商务谈判》，195～197页，北京，中国人民大学出版社，2008。

课堂练习

[单项选择题]

1. 某国谈判者性格外露、坦率、豪爽、自信、追求物质利益，则他最可能是（　　）人。

A. 巴西　　B. 美国　　C. 德国　　D. 法国

2. 关于谈判风格，以下正确的是（　　）。

A. 英国人常常比较冷静、稳健、喜欢按部就班

B. 美国人喜欢很快进入主题，不太重视谈判前个人关系的建立

C. 俄国人比较保守、严谨、谨慎，办事有计划，雷厉风行

D. 法国人往往比较健谈、口若悬河，不太注意生意上的细节

3.（　　）商人善于寻找合作与竞争的伙伴，善于讨价还价。常采用“离间”手段，让争取合同的对手之间竞相压价，相互“残杀”，最后从中渔利。

A. 俄罗斯　　B. 美国　　C. 德国　　D. 阿拉伯

4. 以“贸易立国”，在长期的贸易实践中积累了丰富经验，常在不利于己的贸易谈判中占上风，被西方国家称为“谈判的强手”的是（　　）。

A. 中国　　B. 新加坡　　C. 韩国　　D. 日本

5.（　　）人非常重视和尊重契约，有“契约之民”的雅称。

A. 美国　　B. 德国　　C. 中国　　D. 英国

6. 法国人的谈判风格一般表现为（　　）。

A. 人情味浓　　B. 偏爱纵向式谈判

C. 对商品质量要求不严　　D. 时间观念强

7. 西方人普遍认为“13”这个数字是凶险或不吉利的，常以（　　）来代替。

A. 12（A）　　B. 14（B）　　C. 14（A）　　D. 13（A）

8. 在国际贸易的谈判中使用最普遍、最频繁但在国内贸易的商务谈判中则较少使用的谈判方式是（　　）。

A. 网上谈判　　B. 电话谈判　　C. 函电谈判　　D. 直接谈判

9. 英国人的谈判风格一般表现为（　　）。

A. 讲效率　　B. 守信用　　C. 按部就班　　D. 有优越感

10. 日本人的谈判风格一般表现为（　　）。

A. 直截了当　　B. 不讲面子　　C. 等级观念弱　　D. 集团意识强

11. 在国际商务活动中，一旦发生纠纷并诉诸法律，其法律适用问题将涉及（　　）。

A. 买方国家　　B. 卖方国家

C. 不同国家之间　　D. 第三方国家

课后作业

［简答题］

1. 文化差异对国际商务谈判有何影响？
2. 国际商务谈判与国内商务谈判有何不同？
3. 东西方文化差异主要表现在哪些方面？
4. 日本人的谈判风格是怎样的？
5. 美国人的谈判风格是怎样的？
6. 英国人的谈判风格是怎样的？
7. 法、德两国商人的谈判风格有何不同？
8. 与阿拉伯商人谈判应该注意什么？

[案例分析]

案例一

英国某啤酒公司的副总裁在去南美作商务旅行时，接到总部的传真，要他在归途顺便去牙买加和当地一家甜酒出口公司的经理谈生意，但问题是他没有去牙买加作公务旅行的签证，想临时办一个，时间又来不及。

于是，他只好以旅游者的身份来到金斯敦的诺尔曼雷机场。在检查护照的关口，移民官从他皮包的工作日志及来往信函中判明他是在作公务旅行，所以不许他入境。他反复向移民官申明，自己不过是在返回伦敦前来这儿作短暂的休整，这才勉强被允许入境。

他一在旅馆安顿好，便打电话和那位甜酒出口商联系。刚打完电话，就来了位移民局的官员，说他是怀着商务目的来到此地，而没有取得应有的签证，他将受到有关方面的严密监视，一旦发现从事商务活动，便将立即驱逐出境，并处以高额罚款。

足足两天，他身边总有一位警察，像个影子似的，使他不得不像个旅游者一样打发时光。看来此行是只能白费时间和金钱了。

但是在他离开之前，却在警察的眼皮底下与那位出口商谈成了生意。

旅馆设有游泳池，池旁有个酒吧供客人喝喝饮料，稍事休息。负责监视的警察只见他与一位身着比基尼泳装的妙龄女郎正坐在酒吧前喝酒，还有一搭没一搭地和酒吧服务员聊天。

谁知那位服务员竟是出口商扮的，而那名妙龄女郎则是他的女秘书。

资料来源：http://home.51.com/? u=coljh&_sid=22。

问题：英国某啤酒公司的副总裁为什么能谈成生意?

案例二

出售奥运会电视转播权一直是主办国的一项重大权益。1980 年，第二十二届奥运会在莫斯科举行，苏联人当然不会放过这一机会。

在苏联人出售莫斯科奥运会电视转播权之前，购买奥运会电视转播权的最高价格是 1976 年美国广播公司购买蒙特利尔奥运会转播权创下的 2 200 万美元。那么，苏联人该怎么干呢?

早在 1976 年蒙特利尔奥运会期间，苏联人就邀请了美国 3 家电视网的上层人物到停泊在圣劳伦斯河上的苏联轮船阿列克赛·普希金号上，参加了一次十分豪华的晚会。苏联人的做法是：分别同 3 家电视网的上层人物单独接触，要价是 2.1 亿美元！这个价比历史上最高的奥运会转播权的售价高出近 10 倍。不管别人如何想，苏联人就是这么出价的。之后，苏联人就把美国国家广播公司、全国广播公司和哥伦比亚广播公司的代表请到莫斯科，请他们参加角逐。用美国广播公司体育部主任茹思·阿里兹的话来说就是："他们要我们像装在瓶子里的 3 只蝎子那样互相乱咬，咬完之后，两只死了，获胜的 1 只也被咬得爬不起来了。"

这一招似乎很灵，3 只"蝎子"互相乱咬的结果，是在谈判进入最后阶段时，3 家电视网的报价分别是：全国广播公司 7 000 万美元，哥伦比亚广播公司 7 100 万美元，美国国家广播公司 7 300 万美元。

这时候，一般人认为美国国家广播公司会占上风。因为他们以前曾多次进行奥运会转播，经验最丰富，而且这时的报价也最高。可是，哥伦比亚广播公司突然从德国慕尼黑雇来一个职业中介人鲍克。在鲍克的帮助下，1976 年 11 月，苏联谈判代表同哥伦比亚广播公司主席佩里进行了会晤。会晤时达成了一项交易，哥伦比亚广播公司同意把价格再次提高，甚至还提出了更多的让步条件。谈判进行到这个阶段，人们都认为哥伦比亚广播公司已经稳操胜券了。可是，苏联人在 1976 年 12 月初又宣布了另一轮报价。哥伦比亚广播公司的经理们坐立不安，于是他们又返回莫斯科准备最后摊牌。

最后摊牌的日子是 12 月 15 日，苏联人向 3 家电视网的代表表明：时至今日所得到的结果只不过是每家都有权参加最后一轮报价。这使美国人极为愤怒。苏联人的这种做法一时把美国人给气跑了。可是苏联人还是有办法的。第一，他们宣布转播权已名花有主，属于美国 SATRA 公司。这是一家极小的公司。苏联人的话听起来就像宣称大美人已与一位两岁的婴儿订婚那么荒唐。苏联人要的就是这个，他们又使众多的追求者看到希望。第二，请中介人鲍克再次与 3 家电视网接触，鲍克能言善辩，长于周旋，是个架梯子的老手。经过这一番努力后，奄奄一息的斗士们终于又爬回了竞技场。

斗来斗去，最后，苏联人以 8 700 万美元的价格把 1980 年莫斯科奥运会的转播权售给了美国国家广播公司。这个价格是上一届奥运会转播权售价的 4 倍，比苏联人原先所期待的还要高出 2 000 万美元。

资料来源：http://www.doc88.com/p-91099942172.html。

问题：

(1) 苏联人运用了什么策略？

(2) 如果你是美国国家广播公司的谈判代表，针对苏联人的策略，你是否可以找到相应的处理方法？

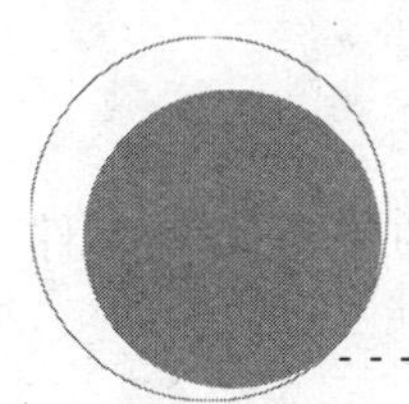

模拟商务谈判综合实训指导书①

一、实训目的与要求

“商务谈判”是市场营销专业的一门主干专业课。按照教学的一般规律，从理论教学→模拟训练→实际操作，商务谈判模拟实训属连接理论与实践的中间环节，具有重要的桥梁作用。

（一）实训的目的

（1）训练综合运用已学理论知识去分析和解决实际问题的能力，培养理论联系实际的正确指导思想。

（2）分析和掌握一般商务谈判的过程，学习商务谈判的一般方法与技巧。

（3）训练学习订立购销合同的基本技能，掌握签订购销合同的基本方法。

（4）训练学生的创造性与应变力。

（5）检验理论教学成果。

（二）实训的要求

（1）进行课题分析。

（2）制定谈判计划。

（3）模拟谈判。

（4）订立购销合同。

（5）编写设计说明书。

二、实训设备与器材

多媒体教室。

三、实训组织与实施

（一）组织

（1）时间：24 学时（一周）；

（2）地点：多媒体教室。

（二）实施

本次将参加实训的学生分为 4～6 人一组，奇数组充任供方，偶数组充任需方，形成小组对阵的谈判局面。学生实训的课题项目由每小组自行选择、确定，可以在指导书提供的备选课题中选择，也可经其他途径寻找、选择。

---

① 本实训指导书参考了王国梁主编的《推销与谈判技巧》（北京，机械工业出版社，2007）中的相关内容。

现实中的谈判最终未必能够缔结合同，本次实训为锻炼学生订立合同的技能，要求小组在模拟谈判终结后必须缔结合同。

四、实训操作步骤及要点

（一）课题分析

课题分析的内容主要有两项：一是分析谈判目的；二是确定谈判的关键交易条件项目。

1. 分析谈判目的

一场谈判的目的通常有以下几种：

(1) 做成本次交易。在今后基本上不会出现第二次交易的情况下，谈判双方的谈判目的往往非常明确而单一，即做成本次交易。

(2) 开辟新市场。有些谈判的目的则不仅仅在于做成一次交易，还在于通过本次交易实现其进入新市场的目的。

(3) 扩大市场份额。有些谈判中，供方企业的目的主要不是靠本次交易获得多少利润，而是“放长线钓大鱼”——扩大市场份额。

(4) 打压竞争对手。市场经济要求企业经营应该以竞争为导向。竞争往往是残酷的，有时需要做好防御，有时还需要主动出击。因此，打压竞争对手也经常作为谈判的一种目的，有时甚至会成为一场谈判的主要目的。

除上述几点以外，还可能有其他目的。在一次推销谈判中可能会是多目标交错，但应该确定以何种目的为主，这对于指导整个谈判活动有着十分重要的意义。

2. 确定谈判的关键交易条件项目

商务谈判的交易条件往往涉及多个项目，如品质、数量、价格、包装、检验、付款、交货、运输等。就一次特定的交易来说，总有一些项目是特别重要的，需要予以特别关注。

(1) 分析确定本次交易所涉及的全部交易条件项目。根据课题任务的要求，首先分析本次谈判应涉及的各项交易条件。如课题规定：“供方，钢材生产企业，年产钢材约 50 万吨，主导产品为建筑用 ϕ6.5mm 普线。受市场供求关系及施工季节的影响，现出厂价为 2 650 元/吨，属较低价位，过去最高时曾达 4 100 元/吨，未来市场走势如何，需作进一步分析。”根据这一任务要求，此次交易必然涉及的交易条件项目应该有：产品名称、型号、生产厂家、数量、金额、交货期、质量要求、交货地点和方式、运输条件、验收标准、结算办法和期限、违约责任、合同纠纷等，而有些交易条件则不涉及，如担保、鉴证等。经过分析，对本次交易所涉及的各个项目大体确定了一个范围。

(2) 分析本次谈判的关键交易条件项目。所谓关键交易条件项目，就是能对交易产生重大影响的交易条件项目。这种影响是多方面的，如：可能造成重大的利益损失；可能涉及企业的形象；可能涉及人身财产安全；可能导致企业长远利益受损等。这些项目在谈判中占有举足轻重的地位，如果不能得到充分的保证，将会带来较为严重的后果，即使其他条件都比较理想，谈判也是不成功的。

如上例中的钢材交易，对供方来讲，价格是本次交易的关键交易条件项目。课题中明确规定：“现出厂价为 2 650 元/吨，属较低价位，过去最高时曾达 4 100 元/吨”。由此分析，2 650元/吨的价位体现了当前的市场价格水平，假如供需双方的交易是马上交割，双方的成交价格应在2 650元/吨左右。因为就当前的市场情况来讲，这一价位是供需双方均可接受的一个价位，过高，需方不能接受，过低，供方不能接受，可以有一定的浮动，但幅度显然不可能很大。就供方而言，既然企业已规定了出厂价格，这一价格也就是指导谈判的基准，非特殊情况，一般不可低于此价格，并应力争在此价格之上成交。但如果供需双方是远期交货，则存在市场变化因素，价格有可能走高，也有可能走低。从课题的规定来看，2 650元/吨已属较低价位，虽然不排除价格进一步走低的可能性，但降价的空间显然不大。而相对来说，如果未来交货时钢材价格大幅度上涨，则会导致供方利益严重受损，即使达到过去的最高价位4 100元/吨，二者之间相差也达35%以上，这对供方而言显然关系重大，如何处理好价格问题，是未来谈判的关键所在。

（二）拟定谈判计划

拟定谈判计划是有效开展商务谈判的重要准备工作。

1. 拟定谈判计划的程序

拟定谈判计划通常要经过以下几个程序：收集谈判信息、设定谈判目标、预测前提条件、设计和评价备选谈判方案、选定谈判方案、拟定替代方案。前两个程序我们已经介绍过，不再赘述。

正如没有放之四海而皆准的理论一样，一个计划只有在一定的条件下才会有效。前提条件即作为谈判方案设计前提的对未来谈判活动的状态、形势及所处的环境的预测结果。任何一个计划方案都必须依据一定的前提条件，一个方案的前提条件越贴近现实，其对谈判活动的指导一般也会越有成效。

备选方案即具有一定可行性的可以用来指导谈判行为的谈判方案，其数量往往不止一个。只有发掘出多种可行方案，才有可能从中选出最优方案或者满意方案。因此，在设计备选方案阶段，一定要广开言路，营造一种宽松的氛围，使参与者"知无不言，言无不尽"，收集到尽可能多的谈判方案或思路。必要时甚至可以采用"头脑风暴法"，以"不拘一格降人才"的方式和心胸来收集意见和建议。评价方案就是根据一定的标准对备选谈判方案评出优劣。在评价备选方案时，要注意以下几点：第一，要明确每个方案实施的制约因素；第二，要客观地预测每个方案的隐患；第三，在评估方案时，既要考察其利益目标的实现程度，也要考察谈判后人际关系等无形因素上的得失。

选定谈判方案即在评价备选方案的基础上，从中选择出借以指导谈判行动的谈判方案。选定谈判方案是拟定谈判计划的关键环节，因其直接关系到谈判的结果。此环节可以应用一些决策工具与方法，以便实现科学决策，降低决策失误的概率。

谈判的未来走势往往不止一个方向，而且谈判过程中也难免会有一些"意外"情况发生，所以就有必要在选定谈判方案以后，拟定其替代方案或曰备用方案。

2. 谈判计划的内容

（1）谈判目的。谈判目的是指谈判一方通过谈判想要得到的结果。谈判目的用来指引己方在谈判中的行动方向，在表述上显得比较宏观和抽象。比如，某次谈判中一方可以把谈判目的表述为"以最低的价格购进格兰仕微波炉"，而不直接限定具体的价格。

(2) 谈判目标。谈判计划中应对交易所涉及的主要条件设定合理的谈判目标。谈判目标较谈判目的更为具体，其对谈判目的的实现起支持作用。

(3) 双方优劣势分析。优势是指谈判一方所拥有的有利于己方在谈判中获取更多利益的资源和能力，一般包括：有利的竞争态势、充足的财政来源、良好的企业形象、雄厚的技术力量、过硬的产品质量、可观的市场份额、领先的成本优势、强大的广告攻势、充裕的谈判时间、老练的谈判人员、足量的谈判信息等。劣势是指相对于谈判对手，谈判一方在某些资源和能力方面的欠缺。一般而言，谈判任何一方都不会把所有优势囊括手中，往往是既有优势，又存在一些劣势，即使在地位上属强势的一方也是如此，正所谓"尺有所短，寸有所长"。为了做到扬长避短，双方首先要做的是根据各自的客观情况，进行优劣势的分析。

(4) 人员及其职责。计划中要明确谈判小组的人员构成，以及人员在谈判过程中应担负的职责。职责越明晰，越能体现出分工与协作的精神，往往也就越有助于谈判目标的实现。

(5) 谈判方案。谈判方案是指用来直接指导谈判行动的抉择、程序、策略和方法等的组合。

1) 谈判地点安排。包括谈判地点的选择和谈判场所的布置两方面的工作。

2) 谈判议程草案。谈判议程是指对谈判进程的预先安排，包括：谈判议题、谈判的原则框架、议题的谈判顺序及用时等。谈判议程草案是谈判一方拟定的有待于得到对方认可或双方协商修改的谈判进程方案。谈判议程草案中除了要对谈判本身的活动做出安排外，也要对间接影响谈判效果的活动如参观、娱乐等做出安排。

3) 谈判策略。谈判策略包括：开局策略、报价策略、磋商策略、进步策略、防守策略、让步策略、打破僵局的策略、谈判终结策略等。在拟定议程草案后，谈判人员有必要根据其中的谈判进程以及对未来谈判状态、形势的预测，制定一定的谈判策略，并告知谈判小组的所有成员，以统一谈判成员思想与行动。

4) 谈判成本预算。预算是指对未来的一定时期内的收入和支出的计划。谈判成本是指以货币计算的谈判活动全过程的各种消耗，如差旅费、通信费、资料费、谈判人员工资等。在谈判前对谈判成本进行预算对提高谈判的效益、控制谈判的成本无疑是有益的和必要的。

(6) 替代方案。替代方案的数量视情况的复杂程度、未来的不确定性而定，可以只有一个，也可以有多个。

(7) 谈判计划说明。此部分的作用相当于一些表格中常见的备注栏，用于说明应用本计划时的注意事项、补充未能在上文中体现的内容等。

(8) 附件。附件是随同谈判计划正文一同制定的相关文件，主要形式为表格、图片、统计资料等。

(三) 模拟谈判

为检验谈判计划的质量，预测实施谈判计划可能产生的效果，有必要按照拟定的谈判计划进行模拟谈判，相当于正式谈判前的"彩排"。操作时可以把己方谈判人员拆分为两个小组——"己方小组"和"对方小组"，分别扮演己方谈判人员和对方谈判人员。"对方小组”的成员需要熟悉对方情况，为成功扮演对方角色打下基础。模拟谈判时，“对方小组”的成员从对方的谈判目的、目标、立场出发，与“己方小组”进行谈判。模拟谈判可帮助己方发现新问题和方案中的破绽，从而对既定谈判计划做出修改、补充与完善，使谈判计划更具实用性和有效性。

模拟谈判完成之后，一般需要结合模拟谈判的效果对谈判计划进行修订。修订的程序为对照、检查、评估、校正。对照即将模拟谈判的效果和结果与谈判目的和目标进行比较，从而发现谈判计划中存在的问题。检查即寻找模拟谈判反映出的问题的原因。原因既可能是一个因素，也可能是多个因素综合发挥作用。评估是指评判谈判计划存在问题的严重性，从而决定谈判计划是否可行，是否还有修订、完善的必要。校正就是根据评估结果对谈判计划进行修改的过程。谈判计划与现实环境、未来趋势的吻合度越高，方案执行的效果也往往越好，所以根据谈判计划的评估结果，有必要对谈判计划进行校正，以使谈判计划对谈判活动具有更强的指导性。

（四）订立合同文件

订立合同文件是谈判成功后的一项重要工作。

合同文件是谈判成果的具体表现形式，谈判中的任何努力，最终都反映在这一纸合同上。从法律意义上讲，也唯有双方正式签署的合同文件才具有法律效力。对合同文件的基本要求是准确、具体、严密、规范、合法。关于合同文件的书写，教材中已有详细的阐述，在此不再赘述。

（五）撰写实训报告

最后要求每位学生撰写实训报告，以对实训的过程进行记录和总结。

1. 实训报告的主要内容

实训报告是用以记录实训过程的资料，是考核学生的实训表现和实训成绩的主要依据。其主要内容包括：

(1) 课题分析。

(2) 谈判的前期准备工作。

(3) 对谈判过程的记录。

(4) 对合同文件的说明。

(5) 实训小结。

2. 撰写实训报告的基本要求

(1) 实训报告应实事求是，引用资料准确无误，不能凭个人的主观意愿凭空杜撰。

(2) 实训报告对谈判过程的记录要详细，要记录主要的对话内容。

(3) 实训报告用纸的规格为 A4，可用手书或打印的方式，字数不少于 3 000 字。

(4) 实训报告撰写完毕后，还应注明页次，编好目录，按封面、目录、正文、合同书的顺序装订成册。

附：参考课题

1. 课题名称：购销合同谈判

背景材料：供方，钢材生产企业，年产钢材约 50 万吨，主导产品为建筑用 ϕ6.5mm 普线。受市场供求关系及施工季节的影响，现出厂价为 2 650 元/吨，属较低价位，过去最高时曾达4 100元/吨，未来市场走势如何，需作进一步分析。需方，某单位，正在集资建房，需购进钢材100吨。

2. 课题名称：购销合同谈判

背景材料：山东A公司向日本B公司出口自产汽油添加剂3 000吨。这是试订单，也是A公司第一次出口。日方认为中方产品价格有竞争力，品质也不差。只是添加剂是易燃易爆的液体，储存运输较危险，按运输危险等级系一级危险品。

3. 课题名称：购销合同谈判

背景材料：中国F公司与法国G公司商谈一条计算机生产线的技术转让交易。G公司把其报价如期交给了F公司，报价包括装配线设备、检测试验室、软件、工程设计方案、技术指导、培训等。双方约定接到报价后两周内在北京开始谈判。

4. 课题名称：购销合同谈判

背景材料：天津K工厂要买二极管的生产技术与设备。经探询，决定与日本F公司进行谈判。

5. 课题名称：购销合同谈判

背景材料：卖方——加拿大N通信公司香港分公司；买方——青海W厂；交易标的——程控交换机生产设备、成套组件和成套散件。

6. 课题名称：购销合同谈判

背景材料：内蒙古某进出口公司（甲方）向韩国某公司（乙方）出口某种绿色食品。由于韩国消费市场很大，乙方派人到甲方所在地谈判订货合同。

7. 课题名称：购销合同谈判

背景材料：卖方——长春×化工厂，出售其×化工原料。买方——日本×公司，购买×化工原料。买方为老客户，对卖方的产品很满意，双方的领导均很熟悉。这次买方到卖方的所在地长春，一方面了解生产状况，一方面讨论新的订货。上年度订货价每吨离岸价为1 600美元/吨，这次买方想多压价，目标为降价幅度100美元～300美元。由于该产品较为独特，可比性差，卖方价格空间较大。

8. 课题名称：购销合同谈判

背景材料：日本M公司向中国N公司购买电石。双方已经合作多年，逐步形成了稳定的关系，并养成了一年一定销售价的习惯。年底快到了，双方又积极联络，准备谈判明年的价格。

9. 课题名称：购销合同谈判

背景材料：河南G工厂需要采购调谐器生产技术及相关设备，经过探询，G工厂从日本N公司和H公司得到报价。经过分析，G工厂决定先与N公司谈判。N公司与H公司报价相当，但N公司已在中国广州、北京、东北出售了十几条相似的生产线，技术转让有经验，同时在谈判中易于比价。

G工厂投资预算仅320万美元，与H公司和N公司的报价相比相差35%左右。G工厂表示可以减少报价清单中的部分设备，其价值可抵15%的差距。G工厂谈判目标是让N公司或H公司降价18%～20%，即可成交。其时，N公司代表及谈判专家已到G工厂所在地等待谈判日程安排。H公司也在等待来华谈判的通知。

10. 课题名称：购销合同谈判

背景材料：法国A公司向中国B公司出售生产打印机的技术，技术转让费报价250万美元。

11. 课题名称：购销合同谈判

沈阳市蓝天印刷厂为改造其现有的生产线，决定引进五色印刷机生产线。德国海堡印刷机械设备制造公司是一个具有50多年历史的专业印刷设备制造公司。经过探询，蓝天印刷厂决定与海堡公司就五色印刷机生产线的引进展开谈判。

12. 课题名称：购销合同谈判

北京华光进出口公司（卖方）是一家综合性的进出口公司，经营机电设备、化工产品及纺织品的进口与出口业务。汽油添加剂是山东齐鲁石化公司的产品之一。该产品被日本山崎化工公司（买方）看中，找到华光公司询购。华光公司正好与齐鲁石化公司有密切的经济和人际关系，对山崎化工公司的订单很感兴趣，也很重视。

图书在版编目（CIP）数据

商务谈判理论与实训/袁雪峰编著．—北京：中国人民大学出版社，2012.2
21世纪高职高专规划教材．市场营销系列
ISBN 978-7-300-15085-7

Ⅰ.①商… Ⅱ.①袁… Ⅲ.①商务谈判-高等职业教育-教材 Ⅳ.①F715.4

中国版本图书馆CIP数据核字（2012）第003946号

21世纪高职高专规划教材·市场营销系列
商务谈判理论与实训
袁雪峰　编著
笪秉宏　主审

出版发行	中国人民大学出版社		
社　　址	北京中关村大街31号	**邮政编码**	100080
电　　话	010－62511242（总编室）		010－62511398（质管部）
	010－82501766（邮购部）		010－62514148（门市部）
	010－62515195（发行公司）		010－62515275（盗版举报）
网　　址	http://www.crup.com.cn		
	http://www.ttrnet.com（人大教研网）		
经　　销	新华书店		
印　　刷	北京诚顺达印刷有限公司		
规　　格	185 mm×260 mm　16开本	**版　　次**	2012年6月第1版
印　　张	10	**印　　次**	2012年6月第1次印刷
字　　数	222 000	**定　　价**	22.00元